Piraten in der Karibik

Das Goldene Zeitalter der Seeräuberei
1600 – 1725

ZEUGHAUS VERLAG GmbH

Ich nenne sie Seerauber /
weil sie von keinem Potentaten geschützt werden.
Alexandre Exquemelin

Danksagung

Mein Dank gilt Stefan Müller und dem Zeughaus Verlag für die gewohnt gute Zusammenarbeit.
Sascha Lunyakov wertet den Text ein weiteres Mal mit seinen Bildern auf. Michael Danhardt sei Dank für sein kritisches und sorgfältiges Lektorat.

Autor: Dr. Alexander Querengässer
Zeichnungen: Sascha Lunyakov

Lektorat: Michael Danhardt
Layout: Stefan Müller

Herausgeber: Zeughaus Verlag GmbH
Knesebeckstr. 88
10623 Berlin

Telefon: 030/315 700 30
Email: info@zeughausverlag.de
Internet: www.zeughausverlag.de

Bibliografische Informationen der Deutschen Bibliothek. Die Deutsche Bibliothek verzeichnet diese Publikation in der Deutschen Nationalbibliografie; detaillierte bibliografische Daten sind im Internet über http://dnb.ddb.de abrufbar.

Printed in European Union

ISBN: 978-3-96360-031-9

Titelbild:
Blackbeard (im Vordergrund)
Pirat, 18. Jahrhundert (im Hintergrund)

Inhalt

ZEITTAFEL

161 n. Chr. Zusammen mit seinem Mitkaiser Lucius Verus besteigt Marc Aurel den Thron der Caesaren.

162–66 n. Chr. Lucius Verus führt siegreichen Feldzug gegen die Parther. Die aus dem Osten zurückkehrenden Soldaten schleppen die Pest ins Römische Reich ein.

167–180 n. Chr. Einfälle der Markomannen und Quaden in das Reichsgebiet. Sie dringen bis Norditalien vor, ehe sie zurückgeschlagen werden können. Kriege gegen Markomannen, Quaden und Sarmaten an der Donau. Erneute Stabilisierung der Reichsgrenzen. Lucius Verus stirbt im Jahr 169.

180 n. Chr. Marc Aurel stirbt im Feldlager zu Vindobona, vermutlich an der Pest. Sein Nachfolger wird sein Sohn Commodus.

192 n. Chr. Ermordung Commodus'. Der praefectus urbi Publius Helvius Pertinax wird mit Hilfe des Prätorianerpräfekten Laetus neuer Kaiser.

193 n. Chr. Die Prätorianer ermorden Pertinax und erheben Marcus Didius Julianus zum Kaiser. Die Statthalter von Syrien und Pannonien, Gaius Pescennius Niger und Lucius Septimius Severus, werden von ihren Truppen zum Kaiser ausgerufen. Severus ernennt den Statthalter von Britannien, Decimus Clodius Albinus, zu seinem Unterkaiser (Caesar) und marschiert nach Rom. Ermordung des Didius Julianus; Auflösung und Neuaufstellung der Prätorianergarde durch Severus.

193–194 n. Chr. Pescennius Niger wird bei Issus geschlagen und auf der Flucht zu den Parthern getötet.

196–197 n. Chr. Albinus erhebt sich gegen Severus. Sieg des Severus bei Lugdunum (Lyon). Tod des Albinus.

197–199 n. Chr. Partherkrieg des Septimius Severus. Die parthische Hauptstadt Ctesiphon wird erobert und geplündert. Gründung der Provinz Mesopotamien.

208–211 n. Chr. Feldzug des Severus in Britannien. Er stirbt in Eboracum (York) und hinterlässt die Herrschaft seinen Söhnen Caracalla (eigentlich Marcus Aurelius Severus Antoninus) und Geta.

212 n. Chr. Ermordung Getas. Kaiser Caracalla erlässt die Constitutio Antoniniana, die allen freien Bewohnern des Reiches das römische Bürgerrecht gewährt.

213–214 n. Chr. Feldzüge Caracallas in Germanien und an der Donau.

216–217 n. Chr. Feldzug gegen Adiabene. Während der Vorbereitungen seines „Alexanderzuges" gegen die Parther wird Caracalla bei Edessa von einem Leibwächter ermordet. Der praefectus praetorio Marcus Opellius Macrinus wird zum Kaiser ausgerufen. Er ist der erste Kaiser, der nicht senatorischen Standes ist. Dreitägige Schlacht gegen die Parther bei Nisibis endet ohne Entscheidung.

218 n. Chr. Macrinus unterliegt den Truppen des Prätendenten Varius Avitus Bassianus, genannt Elagabalus, eines angeblichen Sohnes des Caracalla. Tod des Macrinus.

222 n. Chr. Ermordung des Elagabalus durch meuternde Prätorianer. Sein dreizehnjähriger Vetter Marcus Aurelius Severus Alexander wird neuer Kaiser. Dessen Mutter Iulia Mamaea führt mit ihm zusammen die Regierungsgeschäfte.

224–226 n. Chr. Der Perser Ardashir stürzt die parthische Arsakidendynastie; Gründung des Sassanidenreichs.

231–233 n. Chr. Perserfeldzug des Severus Alexander nach persischen Einfällen in die Provin

EINFÜHRENDES

Nach wie vor geht von Piraten eine große Faszination aus. Wilde, säbelschwingende Männer mit bunten Kopftüchern, deren Holzbeine, Augenklappen und Hakenhände von schweren Kampfverletzungen künden, beflügeln immer wieder die Fantasie von Romanautoren und Filmemachern. Die komplexe Welt von Piraten als vormoderne Gewaltgemeinschaft[1], die sich aus sozial Ausgestoßenen oder begrenzt gemeinschaftsfähigen Menschen konstituierte, stellt die Forschung immer noch vor viele Fragen. Schriftliche Quellen über diese Männer und Frauen, in deren Reihen Schriftlichkeit fast keine Rolle spielte, gibt es nur wenige, weswegen Historiker immer wieder auf die wenigen zeitgenössischen Studien und Berichte zurückgreifen müssen, wie etwa jene von Alexandre Olivier Exquemelin, William Dampier und Charles Johnson. Deren Werke liefern eine Menge interessante Details über das Leben der Piraten, da Exquemelin und Dampier Zeitzeugen waren und selbst unter den karibischen Piraten lebten. Charles Johnsons wahre Identität ist dagegen nach wie vor ein Mysterium, obwohl viele Historiker davon ausgehen, dass es sich bei dem Namen um ein Pseudonym Daniel Defoes – dem Schöpfer des Robinson Crusoe – handelt.[2] Sein Werk ist ein biografisches Kompendium von 34 englischen Piraten des frühen 18. Jahrhunderts.

Doch gerade wenn es um die Grausamkeiten einiger Kapitäne oder die Stärke der von ihnen überwundenen Schiffe und Armeen geht, gilt es eine kritischere Haltung einzunehmen, da die genannten Autoren dazu neigten, zu übertreiben, um Lesersehnsüchte zu befriedigen oder moralische Botschaften zu transportieren. Außerdem stammten viele Informationen bei Johnson und selbst bei Exquemelin aus zweiter oder dritter Hand und wurden vermutlich zuvor beim mündlichen Weitererzählen verändert. Tiefer schürfende Quellenstudien, die allerdings im Rahmen dieses Bandes nicht erbracht werden können, wären notwendig, um beispielsweise handfeste Zahlen über die Stärke spanischer Garnisonen oder die Größe und Ausstattung gekaperter Schiffe in Erfahrung zu bringen.

Auch in Bezug auf die Motivation von Piraten stellen Exquemelin und Johnson, die diese als eine Art vormoderner Sozialrebellen darstellen, zweifelhafte Quellen dar, wurden aber von Historikern wie Marcus Rediker bereitwillig als solche akzeptiert. Daniel Defoe war ein bekannter Kritiker der politischen und sozialen Verhältnisse im England des frühen 18. Jahrhunderts. Sollte er sich tatsächlich hinter dem mysteriösen Charles Johnson verstecken, ist es durchaus denkbar, dass er die Motivation von Piraten in seinem Sinne interpretierte.

Der vorliegende Band möchte dennoch auf Basis der vorhandenen Quellen und Literatur einen Überblick über die Piraterie in der Karibik während des Goldenen Zeitalters im 17. und frühen 18. Jahrhundert vermitteln. Dabei wurde jeweils auf die frühesten deutschsprachigen Übersetzungen Exquemelins und Johnsons zurückgegriffen, da diese zeitnah entstanden und einen authentischeren Leseeindruck vermitteln. Allerdings sind beide Ausgaben mit Vorsicht zu nutzen, denn die Übersetzung erfolgte meist eher sinngemäß als wörtlich und während der deutschen Ausgabe Johnsons ein umfangreiches Vorwort mit einem Überblick zur Geschichte der Piraterie vorangestellt wurde, wurden gleichzeitig ganze Passagen des Originaltextes gestrichen. Diese enthalten unter anderem interessante nautische Details. Daher musste ergänzend auf die englische Originalausgabe von 1724 zurückgegriffen werden.

Die Bukanier des frühen 17. Jahrhunderts waren nicht die ersten Seeräuber, die die Karibik unsicher machten. Tatsächlich wurden die spanischen Besitzungen im neu entdeckten Erdteil bereits vorher, ab den 1570er-Jahren von Piratenangriffen erschüttert. Englische Kaperfahrer, allen voran der berühmte Francis Drake, griffen spanische Schatzschiffe und Hafenstädte an. Diese Unternehmen wurden jedoch vom englischen Mutterland aus organisiert und Drake und seine Gefährten handelten mit der – wenn auch nicht immer öffentlich bekundeten – Rückendeckung der englischen Königin und waren offizielle Untertanen der englischen Krone.

Die Piraten des 17. Jahrhunderts waren dagegen entwurzelte Menschen, die außerhalb der europäischen Staatengemeinschaften standen, sich selbst organisierten, Gesetze gaben, Hierarchien bildeten und sich im Bedarfsfall zu größeren, schlagkräftigen Gruppen zusammenfanden. Nach modernen Kriterien sind sie irgendwo zwischen organisierter Kriminalität und Terroristen anzusiedeln. Mit letzteren haben sie die Staatenlosigkeit gemein, mit ersteren die Profitgier. Wie diese Gemeinschaften organisiert, wie sie bewaffnet waren, welche Schiffe sie benutzten, wie sie zur See und an Land kämpften, möchte der Autor nach einer kurzen historischen Einführung darlegen.

---

1 Zu diesem Begriff vgl.: Speitkamp: Gewaltgemeinschaften, S. 11-39.

2 Vgl.: Bohn: Die Piraten, S. 8-9.

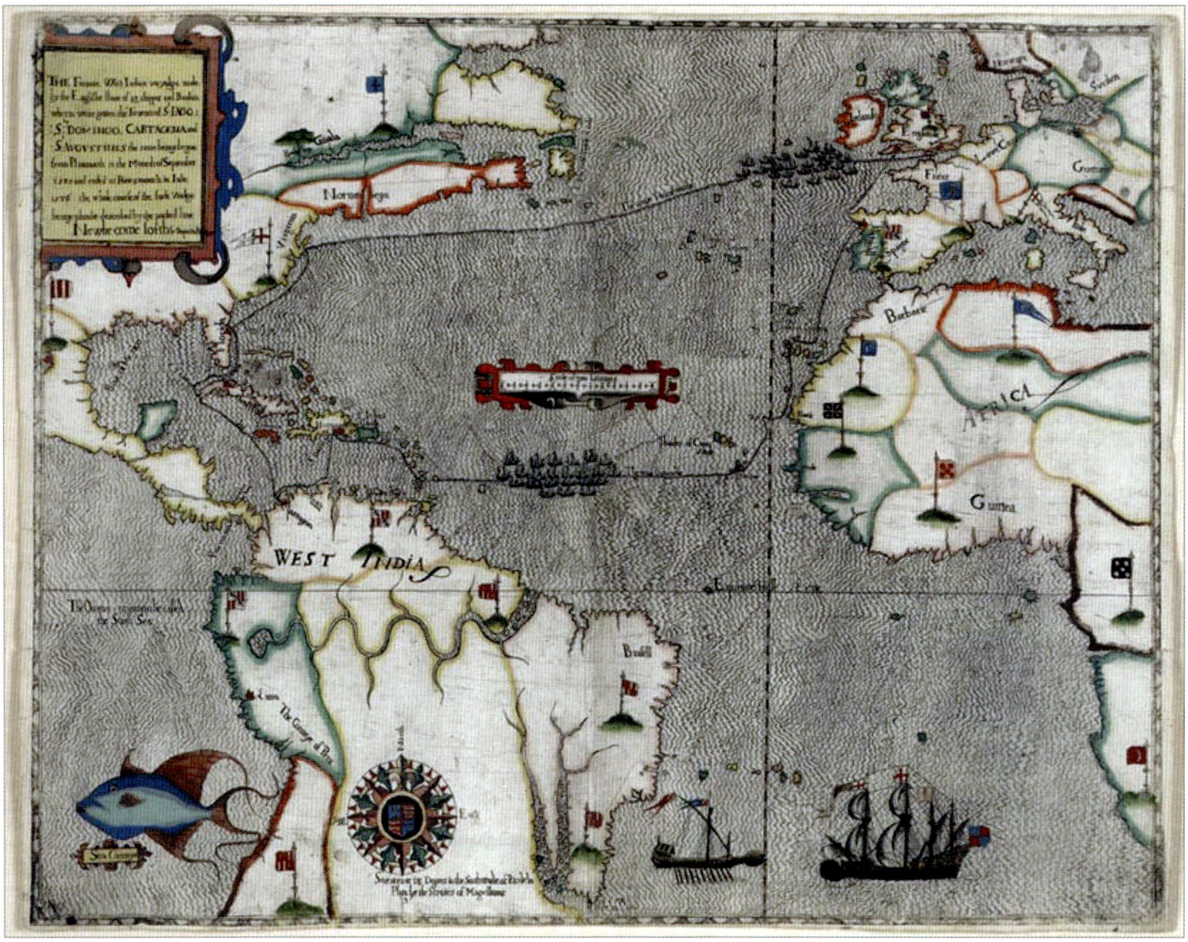

Karte mit der Route von Francis Drakes Kaperfahrt im Jahr 1589.
Die amerikanischen Küstenlinien sind hier bereits recht präzise dargestellt.
Allerdings befinden sich die großen Antillen zu weit östlich.
Library Of Congress - Jay I. Kislak Collection

EIN GOLDENES ZEITALTER AUF SILBERNEN HANDELSWEGEN

Der Hauptzweck der Expedition des Christoph Kolumbus, der 1492 mit drei Schiffen den Atlantik überquerte, lag in der Entdeckung einer westlichen Seeroute nach Indien. Auf die sagenhaften Gewürzfelder der Molukken trafen die Entdecker nicht, stattdessen verlegten sie sich auf die Suche nach Gold. Auf den Inseln der Antillen fand sich davon nur wenig, doch die Spanier hörten Geschichten von reichen Goldländern weiter westlich und stießen schnell auf das lateinamerikanische Festland vor. In bemerkenswerter Geschwindigkeit begannen sie, auf den großen karibischen Inseln Kolonien aufzubauen und auch die besser organisierten Indianerstaaten der Azteken und Inka in die Knie zu zwingen. Neben kleineren Goldvorkommen, stießen sie auf dem Festland vor allem auf große Silberadern. Bald segelten große Konvois reich beladener Galeonen jährlich über den Atlantik nach Spanien zurück. Die Schiffe blieben nicht unbemerkt und schnell verbreiteten sich Gerüchte über die sagenhaften Goldländer, während das neue finanzielle Potential Spaniens nicht unbeachtet blieb. Als erstes drangen französische Korsaren in die Gewässer nahe den Azoren vor. Zu Beginn des 16. Jahrhunderts flackerten immer wieder Kriege zwischen Frankreich und Spanien auf, die zunächst den Grenzstreitigkeiten zwischen Frankreich und Aragon entsprangen und später einen Teil der dynastischen Auseinandersetzung zwischen den Habsburgern und den Valois-Königen bildeten. Der bekannteste französische Korsar war vermutlich Jean Fleury. Er kaperte im Frühjahr 1523 nahe Madeira zwei Karavellen, die die vom Konquistador Hernán Cortés geraubten Aztekenschätze Montezumas nach Spanien bringen sollten. Die Ladung bestand aus kunstvollen aztekischen Goldarbeiten,

Darstellung von Drakes Angriff auf Santo Domingo 1589.
Bereits im 16. Jahrhundert griffen englische Freibeuter mit großen Flotten starke spanische Hafenstädte in der Karibik an.
Library Of Congress - Jay I. Kislak Collection

federbesetzten Umhängen, über 130 Kilogramm Perlen und einem Smaragd, so groß wie die Faust eines Mannes. Fleurys Legitimität als Kaperfahrer stand bereits auf wackeligen Füßen, stammte sein Kaperbrief doch nicht aus der Kanzlei des französischen Königs, sondern war durch den Kaufmann Jean Ango mit Hilfe einer Vollmacht des Grafen von Dieppe ausgestellt worden.[3] Allerdings sah auch der französische König keinen Grund, die im Vertrag von Tordesillas festgelegte Aufteilung der Welt zu akzeptieren. *„Ich würde gern die Klausel in Adams Testament sehen, nach der ich von der Teilung der Welt ausgeschlossen bin“*[4], argumentierte er geschickt mit Bezug auf die Bibel gegen die päpstliche Entscheidung.

Die zweite und für die spanischen Silberflotten bereits viel gefährlichere Generation bildeten englische Freibeuter, die bis in die Karibik vordrangen und teilweise die spanischen Kolonien selbst angriffen. Francis Drake folgte 1577 bis 1580 sogar den Spuren Magellans, umrundete Kap Hoorn und kaperte eine spanische Galeone, die mit Silber beladen von Lima nach Panama unterwegs war. Auf dem Rückweg umsegelte Drakes Crew als zweite Expedition den Globus. Die englischen Überfälle bildeten einen wesentlichen Grund dafür, dass die englisch-spanischen Beziehungen in den 1570er-Jahren massiv abkühlten. Die Spannungen verschärften sich weiter, da sich beide Königreiche in die inneren Angelegenheiten des jeweils anderen einmischten. England gewährte den Wassergeusen – Kaperfahrern der gegen das spanische Mutterland rebellierenden niederländischen Provinzen – Schutz in seinen Häfen und Philipp II. unterstützte katholische Prätendenten auf den englischen Thron. Mit dem Anschwellen des Konflikts wurden die englischen Übergriffe immer dreister. Drake nahm nach seiner Weltumsegelung eine führende Rolle in diesem Kampf ein. Die engli-

3 Vgl.: Bohn: Durch Raub zur Seemacht, S. 29.
4 Zit.: Marx: Brüder der Küste, S. 39.

sche Krone stellte ihm neue und größere Schiffe zur Verfügung, mit denen er bis zu seinem Tod 1596 gut befestige spanische Hafenstädte in der Karibik angriff. Bezeichnenderweise starb Drake an Bord seines Flaggschiffes nahe Portobelo. Obwohl Drake – neben Chaireddin Barbarossa – bis heute als Prototyp eines Piraten des 16. Jahrhunderts gilt, trifft diese Charakterisierung auf ihn kaum zu. Drake handelte nie auf eigene Faust, sondern immer mit Deckung der englischen Krone oder zumindest im Auftrag englischer Kaufleute. Seine Operationen bilden ein gutes Beispiel für irreguläre Kriegsführung in einem zwischenstaatlichen Konflikt. Vor allem richteten sich seine Aktivitäten ausschließlich gegen die spanisch-portugiesische Handelsschifffahrt und nicht gegen alle.[5]

Das Aufkommen einer von den europäischen Mutterstaaten mehr oder weniger unabhängigen Piraterie ist auf verschiedene Faktoren zurückzuführen. Die Kleinen Antillen, die in einer langen Kette den südöstlichen Zugang zur Karibik versperren, waren für die Spanier als Siedlungsgebiet lange Zeit unbedeutend, da ihr Augenmerk auf der Gewinnung von Edelmetallen lag und die Großen Antillen, Kuba, Jamaika und Hispaniola (heute Haiti) sich aufgrund ihrer Größe auch besser zum Aufbau von Plantagenkolonien eigneten. Bereits im ausgehenden 16. Jahrhundert begannen daher europäische Freibeuter damit, die Kleinen Antillen als Stützpunkte zu nutzen. 1603 erließ Spanien zudem einen Erlass, der eine Räumung der Siedlungen an der Nordwestküste Hispaniolas anordnete. Der Gouverneur zögerte die Umsetzung hinaus, da er zu Recht befürchtete, dass der Küstenstreifen zum Zufluchtsgebiet für Piraten werden würde. Doch 1605 ließ er die Kolonien durch Truppen räumen. Zurück blieben einige wilde Siedler, die in kleinen Gruppen lebten und als die ersten Bukanier gelten. Die meisten von ihnen waren französische Jäger, die verwilderte Hausschweine und Rinder jagten. Von den verbliebenen Eingeborenen, den Arawaks, lernten sie die Kunst, das Fleisch auf einem Holzgrill zu räuchern. Von dieser „boucan“ genannten Feuerstätte, erhielten sie laut Exquemelin ihren Namen. Das Fleisch sowie die Felle und Häute der erlegten Tiere verkauften sie an die Besatzungen von Schiffen, die vor Hispaniola ankerten, um noch einmal Wasser für die lange Atlantiküberquerung aufzunehmen.[6]

Im hier betrachteten Zeitraum von etwa 1600 bis 1725 erlebte die karibische Piraterie immer wieder kleine Hochphasen. Das Anschwellen von Piratenaktivitäten hing eng mit den Kriegen europäischer Mächte zusammen, denn sobald diese ihre Konflikte bereinigten, entstand ein Markt gut ausgebildeter, kampferprobter, aber nicht mehr benötigter Matrosen, die ihre einzige Perspektive in der Kriminalität sahen. Viele von ihnen hatten im Krieg entweder in europäischen Flotten gedient oder waren auf Kaperschiffen zur See gefahren. Kaperei wird oft als eine Art „legalisierte Piraterie“ beschrieben, aber dieses Paradox – legale Kriminalität – ist vom rechtlichen Standpunkt gesehen sehr problematisch, denn Kaperfahrer operierten nominell unter den eng gesteckten Regeln des Krieges und ausschließlich gegen die Feinde ihrer Mutterländer. Kaperkapitäne waren private Kriegsunternehmer, die auf eigene Kosten ein Schiff ausrüsteten, beziehungsweise im Auftrag von Kaufleuten segelten, die die Ausrüstung eines Schiffes übernahmen. Zu diesem Zweck erhielten sie ein offizielles Patent, den sogenannten Kaperbrief. Dafür mussten sie einen Teil ihrer Beute an die Krone abführen. Dennoch gab es durchaus Schnittmengen zwischen Kaperfahrern und Piraten, denn sobald die Kaperbriefe durch Friedensschlüsse ihre Gültigkeit verloren, gingen einige Beatzungen zur Piraterie über.[7] Eine überzeugende Definition liefert auch Exquemelin: „*Ich nenne sie Seerauber / weil sie von keinem Potentaten geschützt werden* [...].“[8] Tatsächlich operierten viele Bukanier mit Duldung der französischen und englischen Krone, die jedoch ihre Verantwortung, wie auch Exquemelin eingesteht, rundweg abstritten. Die Spanier gingen daher nicht nur gegen Tortuga vor, sondern überfielen 1629 auch die Kolonien auf Nevis und St. Kitts. Die dortigen Siedler wurden verschleppt und teilweise in die Sklaverei verkauft, was jedoch ein rasches Wiederaufblühen beider Inseln nicht verhindern konnte.

Als England Mitte der 1620er-Jahre vermehrt in Konflikte mit Spanien und Frankreich verwickelt wurde, stellte die Admiralität eine große Zahl von Kaperbriefen aus. Zwar beschränkten sich die Lizenzen auf die beiden maritimen Rivalen, trotzdem mehrten sich bald Gerüchte und Klagen, dass auch neutrale Schiffe überfallen wurden oder die Prisenanteile von Krone und Admiralität nicht ordnungsgemäß abgeführt worden wären. Die Zahl, der in diesem Zeitraum aufgebrachten Prisen (gekaperte Schiffe) wird auf etwa 1.000 Schiffe geschätzt, wovon 60 Prozent französischer und etwa 20 Prozent spanischer Herkunft waren. Genauso hoch war aber auch der Anteil niederländischer Schiffe, obwohl die Vereinigten Provinzen zu diesem Zeitpunkt mit England verbündet waren. Den kleinen Rest bildeten Schiffe neutraler Hansestädte, wie Hamburg und Lübeck, sowie venezianische und dänische Schiffe.[9]

Gleichzeitig spielte Kaperei eine wichtige Rolle in der englischen Kolonisationspolitik dieser Zeit. Providence Island auf den Bahamas wurde von einer Londoner Unternehmergruppe, der Providence Island Company, als Kolonie etabliert. Die Handelsgemeinschaft führte Zeit ihres Bestehens einen intensiven Kaperkrieg gegen die spanische Handelsschifffahrt. Auch die Gouverneure auf Barbados, St. Kitts und Nevis versuchten den Handel ihrer Kolonien durch

5 Vgl.: Bohn: Durch Raub zur Seemacht, S. 30-34.
6 Vgl.: Marx: Brüder der Küste, S. 40.
7 Vgl.: Starkey/Payne: „Beide vom gleichen Schlag?“, S. 20-22.
8 Zit.: Exquemelin: Die Americanische See-Räuber, S. 109.
9 Vgl.: Appleby: Die Profiteure des Krieges, S. 42-45, 49.

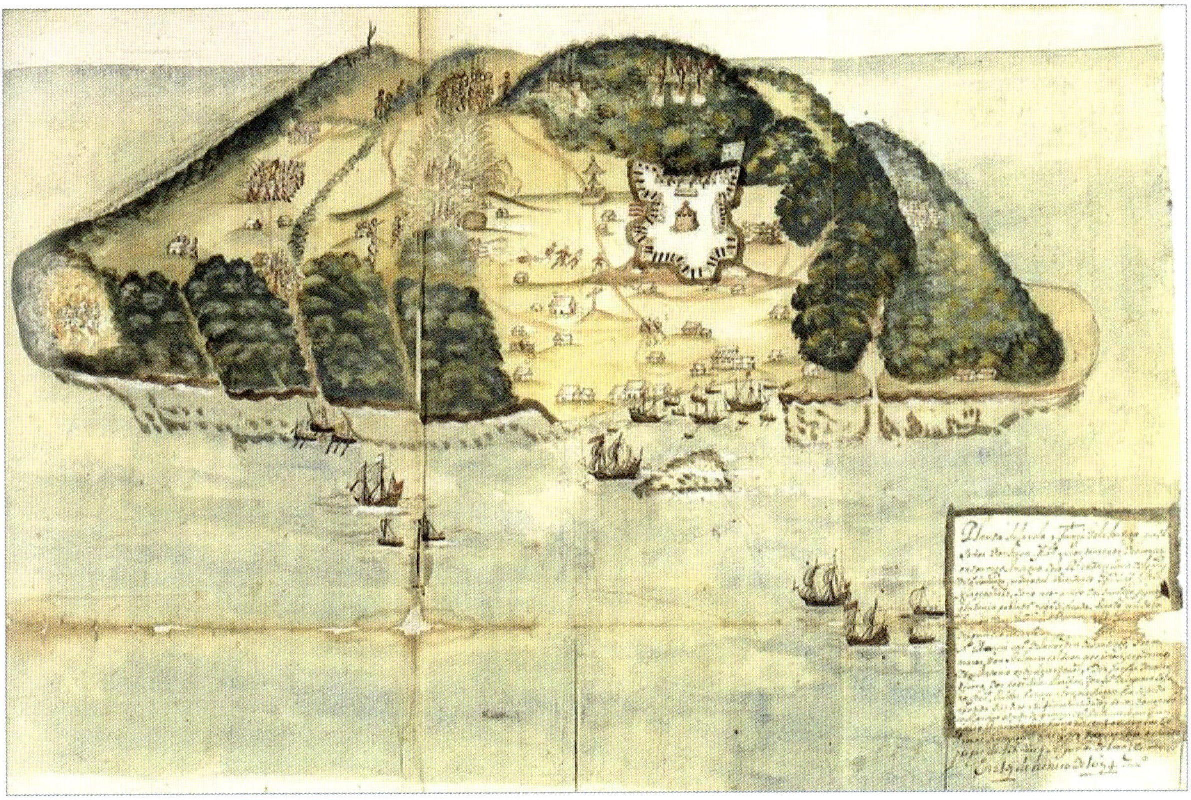

Darstellung Tortugas aus dem 17. Jahrhundert.
Gut zu erkennen ist das Fort in der Mitte der Insel

die Erteilung teilweise zweifelhafter Kaperlizenzen zu stärken.[10] Die mangelhafte staatliche Durchdringung der neuen Kolonien führte überdies dazu, dass Bukanier auch ohne Unterstützung der Gouverneure ausreichend Schlupfwinkel auf den noch dünn oder unbesiedelten Inseln fanden.

Eine der ersten Piratenwellen in der Karibik wurde auf diese Weise durch den spanisch-englischen Friedensschluss von 1601 losgetreten. Dieser Frieden hatte beträchtliche negative Auswirkungen auf den englischen Handel und führte zu weit verbreiteter Arbeitslosigkeit unter Seeleuten, die sich nun der Piraterie zuwandten. Verstärkt wurden die englischen Besatzungen bald durch holländische Seeleute, nachdem Spanien und die Generalstaaten 1609 einen Waffenstillstand abschlossen, und durch Franzosen, deren Mutterland sich seit 1598 im Frieden mit Spanien befand. Diese erste Welle hielt bis etwa 1616 an.[11]

Laut Exquemelin war es der französische Freibeuter Pierre le Grand der 1602 erstmals mit einem kleinen Schiff und 28 Mann Besatzung eine spanische Schatzgaleone erfolgreich kaperte. Le Grand segelte mit seiner Prise nach Frankreich zurück und setzte sich zur Ruhe, doch sein Erfolg sprach sich schnell herum und führte dazu, dass etliche der wilden Jägergemeinschaften auf Hispaniola versuchten, sich Schiffe zu verschaffen und auf Kaperfahrt zu gehen. *„Die Räuber nun nahmen den Spaniern verschiedene Barken / so mit Häuten und Taback geladen / ab / und brachte sie auf Tortuga, alda sie den Raub / an die daselbst auf Rede ligende Kauffahrer / verkaufften / für das Geld aber kaufften sie Kraut* [Pulver, Anm. A.Q.] */ Lot* [Blei/Kugeln, Anm. A.Q.] *und andere benöthigte Ammonition.*“[12] Die Bukanier konzentrierten sich demnach zunächst überwiegend auf die lokale Küstenschifffahrt und reinvestierten ihre Beute umgehend, um Expeditionen gegen die spanischen Schatzflotten zu finanzieren.

Zu Beginn des 17. Jahrhunderts begannen eine Reihe europäischer Länder, England, Frankreich, die Vereinigten Niederlande, Dänemark, Schweden und Kurland, sowie später kurzzeitig auch Brandenburg, Kolonien auf den Kleinen Antillen zu etablieren. Etwa

10 Vgl.: Appleby: Die Profiteure des Krieges, S. 47.
11 Vgl.: Starkey/Payne: “Beide vom gleichen Schlag?”, S. 23.
12 Zit.: Exquemelin: Die Americanische See-Räuber, S. 114-115.

um 1630 entstand schließlich der wichtigste Unterschlupf für künftige Piraten. Bereits 1625 hatten sich französische und englische Siedler, die sich eigentlich auf Hispaniola niederlassen wollten, dort aber keine Bleibe gefunden hatten, auf die nahe gelegene Insel Tortuga begeben. Mit einer Länge von gerade einmal 37,4 und einer Breite von lediglich 6,7 Kilometern war Tortuga für die Spanier zu klein und unattraktiv. Die Insel verfügte allerdings über einen hervorragenden natürlichen Hafen, über den Alexandre Exquemelin berichtet: „*Der Hafen ist sehr gut / von allen Strömen befreyt und sind zwey Löcher hinein zu segeln. Es können Schiffe mit 70 Stücken innen ligen / und ist ein sehr schöner Sand Grund.*“[13] Außerdem war die Insel strategisch günstig gelegen. Sie lag vor der Nordküste Hispaniolas, nahe der Route der spanischen Schatzflotten. Die Spanier erkannten die drohende Gefahr. 1629 vertrieb eine Expedition unter Don Fadrique de Toledo die neuen Siedler. Doch nachdem die spanischen Truppen abgezogen waren, kehrten die Franzosen zurück und errichteten starke Befestigungsanlagen, um ihre Siedlung zu schützen. Dennoch gelang es auch einer zweiten spanischen Expedition 1635, die Franzosen zu vertreiben, aber erneut installierten die Spanier keine eigene Garnison, sodass wenig später eine weitere Siedlung entstand. Diese wuchs schnell und 1638 waren die Bewohner Tortugas stark genug, einen dritten spanischen Angriff abzuwehren. 1640 entstand Fort Rocher, eine quadratische Anlage mit Bastionen rund um ein befestigtes Blockhaus. 40 Kanonen sicherten die Anlage.

Fort La Rouche auf Tortuga.
(Stich aus Alexandre Exquemelins „De Americaensche Zee-Rovers“)

Exquemelin beschreibt die Anlage anschaulich: „*Dieses Fort ist inaccessibel, oder so gelegen / daß man nicht darzu kommen kann / ausser auf einer Seite / auf welcher jedoch mehr nicht dann zwo Personen nebeneinander eingehen können. Mitten im selben ist eine Höle in der Klippe / die ihnen zum Ammonition=Hause dient; und über das eine bequeme Gelegenheit / eine Batterie zu machen. Der Gouverneur ließ auf das Fort ein Haus bauen / pflanzte zwey Metalline Stucke darauf / und gebrauchte eine Leiter hinauf zu steigen / die man alsdann hinauf ziehen konnte. Im Fort ist eine Spring=Quell süsses Wasser / welche gnug ist / täglich tausend Menschen zu speisen und zu träncken* [...]“[14]

Zwei Jahre später entsandte Frankreich Jean Le Vasseur als Gouverneur nach Tortuga. Dieser brach die Beziehungen zum Mutterland jedoch rasch ab und öffnete den Hafen für Piraten, die ihm dafür einen Anteil an ihren Prisen überließen. 1654 schickten die Spanier abermals eine Expedition mit 700 Soldaten und schweren Geschützen nach Tortuga. Sie stürmten das Fort und nahmen fast die gesamte Bevölkerung gefangen, die anschließend auf Ehrenwort nach Frankreich geschickt wurden. Doch bereits im August desselben Jahres liefen neue Bukanierschiffe den Hafen an. Die Piraten glaubten, dass die Spanier die Insel, wie nach allen bisherigen Überfällen, wieder verlassen hätten. Tatsächlich hatten sie jedoch eine permanente Garnison eingerichtet, die erst im folgenden Jahr wieder abgezogen wurde, als eine englische Invasion Santo Domingo auf Hispaniola bedrohte. Umgehend besetzten die Bukanier Tortuga und nutzten die Basis bis 1665, als die Insel der französischen Kolonie St. Domingue zugeschlagen wurde. Der neue Gouverneur Bertrand d´Ogeron unterstützte die Bukanier weiterhin und lockte so berüchtigte Gestalten wie Jean-David Nau an. Im Laufe der 1670er-Jahre nahm die Popularität der Insel jedoch ab. Port Royal oder auch Petit Goave im Süden von St. Domingue liefen ihr den Rang ab. Letzteres diente dem berühmten Kapitän Laurens de Graff als Stützpunkt.

Im weiteren Verlauf des 17. Jahrhunderts bildete sich mit dem Bukanierwesen die lange Zeit typische Form der karibischen Piraterie aus. Die Bukanier begannen auf Kanus oder kleinen Seglern küstennah vorbeifahrende Handelsschiffe zu überfallen. Während der anhaltenden Auseinandersetzungen Frankreichs und Englands mit Spanien, erhielten diese Bukanier immer wieder Kaperlizenzen, entweder von den englischen Gouverneuren auf Jamaika oder von den französischen in Tortuga. Ihren Aktivitäten wurde damit ein legaler Anschein verliehen. Frühnationalistische aber auch religiöse Faktoren spielten durchaus eine Rolle, denn die Masse der Bukanier waren Franzosen, Engländer und Holländer und überwiegend Protestanten, die gegen das katholische Spanien zogen. Allerdings wurden ihre Kaperlizenzen von den Spaniern selten anerkannt, da sie von den lokalen Gouverneuren ausgestellt wurden und nicht durch die Regierungsinstanzen der Mutterländer. Insbesondere die französischen Gouverneure erteilten den Kapitänen sogar die Erlaubnis, ihre Lizenzen an jeden weiterzureichen, der bereit war, gegen Spanien zu kämpfen. Die Bukanier

13 Zit.: Exquemelin: Die Americanische See-Räuber, S. 12.

14 Zit.: Exquemelin: Die Americanische See-Räuber, S. 18.

operierten somit innerhalb einer schwer definierbaren Grauzone zwischen Kaperei und Piraterie.[15] Alexandre Exquemelin beschreibt die Aktivitäten der frühen Bukaniergesellschaften anschaulich: „*Die Franzosen / so auf der Insul Espagniola sind / haben dreyerlei Verricht= oder Ubungen/ nemlich / das Jagen / Pflanzen /oder das Feld bauen und Capfahren / also daß ein Knecht / wann er frey von seinem Dienste / einen Herrn suchet / da sie dann / was sie haben /zusammen bringen / und einen Vergleich aufrichten / worinnen einige sich gegeneinander verbinden / daß der / welcher am längsten lebt / alles des Verstorbenen Vermögen haben solle ; Andere aber vergleichen sich dargegen / daß der Längst=Lebende des Verstorbenen Vermögen dessen Freunden oder Weibe /wann verehlicht/ herauszugeben verpflichtet seyn soll. Nachdem nun der Accord / besagter massen / geschlossen / gehet dieser auf die Cap / der ander auf die Jagdt/ oder aufs Taback=Pflanzen / wo sie am meisten zu verdienen gedencken.*“[16] Modern gesprochen vereinigten die Bukanier zunächst ihr Kapital, fixierten vertraglich die Bedingungen ihrer Raubgemeinschaft und legten Regeln für die Hinterbliebenenversorgung fest. Die Spanier befeuerten schließlich die piratischen Aktivitäten dieser Gruppen unfreiwillig, indem sie versuchten, die wilden Tierherden, die für die meisten von ihnen die Lebensgrundlage bildeten, auf Hispaniola auszurotten. Damit wurden die ungewollten Siedler jedoch nicht vertrieben, sondern nur darin bestärkt, ihren Fokus auf die Kaperei zu legen. Einige schlossen sich auch zu großen bewaffneten Banden zusammen und überfielen spanische Siedlungen auf Hispaniola.[17]

Die Kolonien der Franzosen und Engländer auf den Kleinen Antillen waren noch nicht ausreichend entwickelt und das eigene Handelsvolumen gering. Allerdings waren die Aktivitäten der beiden Länder in der Mitte des 17. Jahrhunderts wirtschaftlich jedoch durchaus attraktiv. Da sich die Angriffe der Bukanier fast ausschließlich auf spanische Schiffe richteten, versprachen sie den Gouverneuren durch Prisenanteile große Gewinne. Daher entschied sich auch England nach der Eroberung Jamaikas 1655 dazu, den Bukaniern in Port Royal eine Freistatt einzurichten.[18] Cromwell entsandte 1658 Christopher Myngs mit dem 52-Kanonen-Linienschiff *Marston Moor* nach Port Royal, damit dieser die Verteidigung Jamaikas organisiere. In den folgenden Monaten schlug Myngs mehrere spanische Landungsversuche zurück, ehe er selbst mit Bukaniern und einer kleinen Gruppe regulärer Soldaten spanische Städte in Südamerika zu überfallen begann. 1659 fiel ihm bei einem dieser Raubzüge im venezolanischen Coro Silber im Wert von einer viertel Million Pfund in die Hände. Da er die Beute noch vor Ort mit den Bukaniern aufteilte und nicht dem Gouverneur von Jamaika übergab, wurde er von diesem vor Gericht gestellt und nach England überführt. Im Zuge der Restauration der Monarchie, konnte sich Myngs allerdings das Wohlwollen des neuen Königs Charles II. sichern und kehrte 1662 als Kommandant der 40-Kanonen-Fregatte *Centurion* nach Jamaika zurück. Trotz des Friedens mit Spanien, unterstützte der neue Gouverneur Angriffe auf spanische Häfen und Schiffe, vielleicht auch, weil die vielen entlassenen Soldaten des verstorbenen Cromwells nun Beschäftigung als Bukanier suchten. 1662 stürmte Myngs Santiago de Cuba und im Folgejahr führte er eine Expedition aus zwölf Schiffen und 1.400 Mann zur Küste Mexikos, wo sie die Hafenstadt Campeche überfielen. Myngs wurde dabei verwundet und kehrte nach England zurück, wo er bis zum Vizeadmiral aufstieg.[19]

Morgans Piraten foltern die Bewohner von Gibraltar an der Maracaibosee.
Gut zu erkennen sind die militärischen Formationen, die die Bukanier einhalten.
(Stich aus Alexandre Exquemelins „De Americaensche Zee-Rovers“)

Die von Port Royal aus operierenden Piraten waren überwiegend englischer Herkunft und agierten mit wohlwollender Duldung seitens der englischen Gouverneure, auch wenn diese Piraterie offiziell verurteilten. Definitorisch sind sie daher schwer zu fas-

15 Vgl.: Starkey/Payne: “Beide vom gleichen Schlag?”, S. 27.

16 Zit.: Exquemelin: Die Americanische See-Räuber, S. 73-74.

17 Vgl.: Neumann: Piratengesellschaften, S. 68.

18 Vgl.: Bohn: Durch Raub zur Seemacht, S. 37; Zahedieh: Privateering in Jamaica, S. 145-168.

19 Vgl.: Konstam: Scourge of the Seas, S. 49-51.

sen, da sie sich – anders als spätere Piraten – nicht als Feind aller sahen, sondern vor allem spanische und in seltenen Fällen französische und holländische Schiffe angriffen, aber sich so gut wie nie gegen englische Schiffe wandten. In der konfliktreichen zweiten Hälfte des 17. Jahrhunderts können sie daher großteils als Kaperfahrer definiert werden – meist führten sie entsprechende Lizenzen mit sich. Ihre Aktionen beschränkten sich allerdings nicht nur auf Kriegszeiten. So fand Henry Morgans berühmter Überfall im Jahr 1671 auf die spanische Kolonie Panama zu einer Zeit statt, als England und Spanien sich offiziell im Frieden befanden.

Morgan ist der wohl bekannteste Bukanier des 17. Jahrhunderts. Seine Herkunft liegt im Dunkeln. Vermutlich wurde er um 1635 in Wales geboren. 1662 begleitete er Myngs auf seiner Kuba-Expedition und übernahm wenig später das Kommando über ein Kaperschiff. Morgan sparte genug von seiner Beute, um eigene Kaperunternehmen zu finanzieren und auszurüsten. Schon drei Jahre später führte er eine kleine Flotte mit 500 Piraten an, die erfolgreich Portobelo am Isthmus von Panama überfielen. Dabei hissten die Piraten nach dem Bericht Exquemelins über dem Kastell der Stadt die englische Flagge[20], was ihren ambivalenten rechtlichen Status verdeutlicht. Morgan war kein klassischer Pirat, dessen Fokus auf Seeoperationen lag. Er galt sogar als schlechter Seemann und verlor mehrere seiner Schiffe. Seine Stärken lagen in seiner Fähigkeit, große Banden zu versammeln und amphibische Landungsoperationen gegen spanische Küstenstädte zu organisieren und durchzuführen. 1669 stürmte eine von ihm geführte Bande Maracaibo und Gibraltar am Maracaibo-See, zwei Jahre später folgte sein Coup in Panama. Da dieser Angriff in Friedenszeiten stattfand, wurde Morgan verhaftet und nach England gebracht. Er hatte jedoch inzwischen auch einflussreiche Freunde am Hof, sodass er 1674 begnadigt, zum Ritter geschlagen und zum Vizegouverneur von Jamaika ernannt wurde. 1676 kehrte er in die Karibik zurück und verdiente sich fortan seinen Ruf als Piratenjäger. Als Plantagenbesitzer und Unternehmer war er dagegen nur mäßig erfolgreich. Vermutlich führten wirtschaftliche Rückschläge dazu, dass Morgan heimlich wieder Kontakte zu Bukaniern aufbaute und diese unterstützte, wofür er Anteile an deren Beute erhielt. Im Laufe der Jahre zerrüttete seine Trinksucht seine Gesundheit und seine Spielsucht sein angehäuftes Vermögen, von dem er zuvor bereits einen Teil der Kirche von Port Royal gestiftet hatte. Am 25. August 1688 starb Henry Morgan in Port Royal.[21]

20 Vgl.: Exquemelin: Die Americanische See-Räuber, S. 283.

21 Zu Morgan gibt es eine Vielzahl an Biografien. Für die vorliegende Studie wurden herangezogen: Pope: The Buccaneer King; Thomas: The Buccaneer King.

Jean David Nau, genannt L´Olonnois.
Fiktiver Stich aus Alexandre Exquemelins „De Americaensche Zee-Rovers".

War Henry Morgan der berühmteste, so war Jean-David Nau, nach seinem Geburtsort L'Olonnais genannt, der berüchtigtste Bukanier seiner Zeit. Seine Biografie lässt sich nur schwer rekonstruieren, da nur Exquemelin sie festgehalten hat. Demnach stammte L'Olonnais aus armen Verhältnissen, wurde nach Westindien gebracht und floh nach Hispaniola, wo er sich den Brüdern der Küste anschloss. Er war bekannt für seine Grausamkeit und soll Gefangene, die ihm keine Informationen preisgaben, mit seinem Hirschfänger in Stücke geschnitten oder ihnen brennende Lunten zwischen die Finger gesteckt haben. Einmal soll er jemandem den Brustkorb geöffnet und in das noch schlagende Herz gebissen haben, um dann den umstehenden Gefangenen zu drohen, mit jedem von ihnen das Gleiche zu tun. Auf See brachte er dutzende von Schiffen auf und plünderte schließlich auch die Hafenstädte Maracaibo und Gibraltar vor der Küste Südamerikas. Am Ende starb er so brutal, wie er gelebt hatte. Sein Schiff sank in einem Sturm und L'Olonnais fiel wilden Indianern in die Hände, die ihn bei lebendigem Leib in Stücke schnitten – so beschreibt es zumindest Exquemelin. Historische Beschreibungen der Frühen Neuzeit haben allerdings oft einen moralischen Unterton und das Buch des Franzosen macht hierin keine Ausnahme. Von daher würde es nicht verwundern, dass Exquemelin sowohl

L'Olonnais Brutalität übertrieben darstellte, als auch die Geschichte seines Todes erfunden hat, die wie ein Ausdruck göttlicher Gerechtigkeit für dieses gewalttätige Leben wirkt.[22]

L´Olonois schneidet einem Gefangenen das Herz heraus und stopft es einem anderen in den Mund.
(Stich aus Alexandre Exquemelins „De Americaensche Zee-Rovers")

Neben Kriegen und Friedensschlüssen hatten wirtschaftliche Schwankungen Einfluss auf das Piratenunwesen. Mit der Etablierung Virginias als englische Pflanzerkolonie, ging die Nachfrage nach Tabak von den Kleinen Antillen zurück, da dieser qualitativ schlechter war. Die hiesigen Plantagenbesitzer stellten sich rasch um und pflanzten Zuckerrohr an, wofür sie nun jedoch statt europäischer Lohnarbeiter, afrikanische Sklaven nutzten. Die entlassenen europäisch-stämmigen Arbeiter bildeten somit einen Rekrutierungspool für Bukanier.[23]

Ab den 1690er-Jahren änderte sich das Piratenwesen in der Karibik. Bis dahin hatten die Bukanier und Filibuster ihre Angriffe auf spanische Schiffe und Besitzungen meist mit Duldung der lokalen französischen, englischen und niederländischen Gouverneure durchgeführt. Diese boten den Freibeutern sicheren Unterschlupf und profitierten dafür durch eine Teilhabe an der Beute. Da sich die Angriffe aber inzwischen nicht mehr ausschließlich gegen die Spanier richteten, sondern Handelsschiffe jeglicher Art bedrohten, stieg der Druck aus den Mutterländern, gegen das Piratenunwesen vorzugehen. Weil die Gouverneure auch an den Zöllen des privaten Handels verdienten, stellten Piraten zudem eine größere Gefahr als Chance für ihre Verdienstmöglichkeiten dar. Aus Sicht der Mutterländer bedrohten sie nicht zuletzt die brüchigen Friedensverhandlungen mit dem Feind. So verkündeten französische Bukanier 1688 stolz, sich nicht an die Bedingungen des Friedens von Aachen, der unter anderem den Kriegszustand zwischen Spanien und Frankreich beendete, halten zu wollen, da dieser nicht von ihnen selbst ausgehandelt worden war. Solche Aussagen unterstreichen ihre antiautoritäre Denkweise, führten aber auch dazu, dass die Mutterländer nun begangen konsequenter gegen die Piraten vorzugehen. Der Ausbruch des Pfälzischen Erbfolgekrieges (1688-1697) änderte jedoch die Situation wieder einmal und die französische Krone griff erneut auf die Dienste von Bukaniern zurück. 1697 kam es zu einem letzten großen Bukanierangriff auf eine spanische Siedlung. Zusammen mit regulären Truppen griffen französische Piraten die Stadt Cartagena an. Nach dem Fall der spanischen Kolonie kam es allerdings zum Streit über die Aufteilung der Beute, woraufhin die Bukanier schworen, nicht mehr für die Krone kämpfen zu wollen. Der im gleichen Jahr geschlossene Frieden von Rijswijk beendete den Bedarf der Franzosen an den Diensten dieser Gewaltgemeinschaften.[24]

Die Kolonisierung der Karibik war inzwischen weit vorangeschritten und auch die staatlichen Kontrollmöglichkeiten verschärften sich, sodass für groß angelegte organisierte Kriminalität immer weniger Platz war. Ein Teil der Freibeuter verlegte seine Aktivitäten daher stärker in den Atlantik oder sogar in den Indischen Ozean, während andere Kaperbriefe zu erwerben versuchten, die während des Pfälzischen Erbfolgekrieges und im anschließenden Spanischen Erbfolgekrieg (1701/02-1714) in großer Zahl verteilt wurden. England förderte die Kaperei 1708 noch durch ein Gesetz, das den Kronanteil an Prisen in Höhe von zehn Prozent abschaffte und somit noch mehr Kaufleute dazu ermunterte, in Kaperfahrer zu investieren.

Der Zusammenhang zwischen den kriegerischen Aktivitäten und dem Anschwellen der karibischen Piraterie offenbart sich am deutlichsten in der letzten Hochphase des Goldenen Zeitalters, die nicht ganz ein Jahrzehnt von etwa 1714 bis 1722 einnimmt. Direkt nach dem Ende des Spanischen Erbfolgekrieges rüsteten die großen Marinen Westeuropas massiv ab, während die Lizenzen sämtlicher Kaperfahrer mit einem Schlag ihre Gültigkeit verloren. Die Aktivitäten der Handelsflotten erholten sich nicht schnell genug, um die innerhalb kurzer Zeit freigesetzten

22 Vgl.: Marx: Brüder der Küste, S. 47-49.
23 Vgl.: Bohn: Durch Raub zur Seemacht, S. 36.
24 Vgl. Konstam: Scourge of the Seas, S. 71.

Arbeitskräfte aufzufangen, die Heuern sanken und es existierte plötzlich ein großer Pool kampferfahrener Seeleute ohne Aussicht auf Reintegration in den zivilen Arbeitsmarkt. Bekannte Seeräuberkapitäne dieser Zeit, wie Edward Thache oder Bartholomew Roberts gehörten – soweit sich ihre Biografien sicher rekonstruieren lassen – zu dieser Gruppe ehemaliger Marineseeleute und Kaperfahrer.

Die Phase des Friedens und relativer politischer Stabilität in dieser Zeit ermöglichte es allerdings auch den Marinen der europäischen Seefahrerstaaten, sich verstärkt auf die Bekämpfung der Piraten zu konzentrieren.[25] Unter diesen Umständen ist es erstaunlich, dass einige Kapitäne über längere Zeit relativ ungehindert in bestimmten Gebieten operieren konnten. Edward „Blackbeard" Thache liefert hierfür das vielleicht bekannteste Beispiel, denn er wurde nicht durch ein Schiff der Royal Navy zur Strecke gebracht, sondern durch ein von den amerikanischen Kolonien ausgerüstetes Kriegsschiff.

Allerdings verbesserten sich in diesem Zeitraum die institutionellen Möglichkeiten der Kolonialbeamten, um eigenständig gegen Piraten vorzugehen. Das englische Parlament erließ 1700 ein Gesetz, welches es den Kolonialbeamten und vor Ort operierenden Marineoffizieren erlaubte, Piraten in den Kolonien vor Gericht zu stellen, zu verurteilen und gegebenenfalls hinzurichten. Bis dahin durften der Piraterie verdächtigte Seeleute nur in London vor Gericht gebracht werden. 1721 wurde der Handel mit Piraten unter Strafe gestellt und diesen somit der Absatz von Waren erschwert.

Mit diesen Gesetzen war eine Grundlage für stärkere staatliche Kontrollen gegeben. Gleichzeitig entwickelten die europäischen Seefahrerstaaten in einer Reihe bilateraler Verträge ein allgemein akzeptiertes – wenn auch nicht unangefochtenes – Seerecht. Der Ausbau professioneller Kriegsmarinen, in denen die armierten Handelsschiffe privater Investoren eine immer geringere Rolle spielten, ermöglichten es diesen Staaten, ihre Vorstellungen von Recht auch durchzusetzen. England ließ daher in den 1690er-Jahren Vize-Admiralitätsgerichte in seinen Kolonien, z. B. auf Port Royal, einrichten und baute permanente Marinestationen auf Jamaika, Antigua und Halifax auf. Damit wurden die staatliche Exekutive und Judikative vor Ort gestärkt, um legislative Neuerungen durchzusetzen.[26]

Bis diese Maßnahmen Wirkung zeigten, machte allerdings noch einmal eine Reihe wilder und heute noch namhafter Kapitäne die Karibik und auch die Ostküste Nordamerikas unsicher.

Edward „Blackbeard" Thache (oft auch „Teach" oder „Thatch", um 1680-1718) ist der bis heute bekannteste Piratenkapitän überhaupt. Während des Spanischen Unabhängigkeitskrieges segelte er in der Karibik an Bord von Schiffen, die mit Kaperbriefen ausgestattet waren. Nach dem Ende des Krieges schloss er sich der Mannschaft von Benjamin Hornigold an, die ihre Raubzüge einfach fortsetzte. Im August 1717 übernahm er das Kommando über die von Stede Bonnet gebauten Sloop *Revenge*. Ab hier begann seine berühmte, gerade einmal ein Jahr währende Karriere. Im Oktober segelte er die amerikanische Ostküste entlang und griff in rascher Folge New York und Philadelphia an, erbeutete dabei etwa 15 Schiffe und segelte anschließend in die Karibik. Hier brachte er das französische Sklavenschiff *La Concorde* auf, die er für seine Zwecke umbauen und in *Queen Anne's Revenge* umbenennen ließ. Sein wichtigstes Jagdrevier befand sich weiterhin vor der amerikanischen Ostküste. Während der Gouverneur von North Carolina Blackbeard Unterschlupf gewährte und Handel mit ihm trieb, griff dieser im August 1718 Charleston in South Carolina an und wurde vom Gouverneur von Virginia, Alexander Spotswood, einem notorischen Piratenjäger, verfolgt. Dieser sandte mehrere kleine Schiffe unter dem Befehl von Robert Maynard aus, die Blackbeard schließlich am 22. November 1718 nahe seines Schlupfwinkels Ocracoke Island stellten. Blackbeard griff die Schiffe an, wurde jedoch im anschließenden Kampf getötet. Maynard ließ den Kopf des berüchtigten Piraten abschlagen und am Bugsprit seiner Schaluppe aufhängen, mit der er im Triumph nach Virginia zurückkehrte.[27]

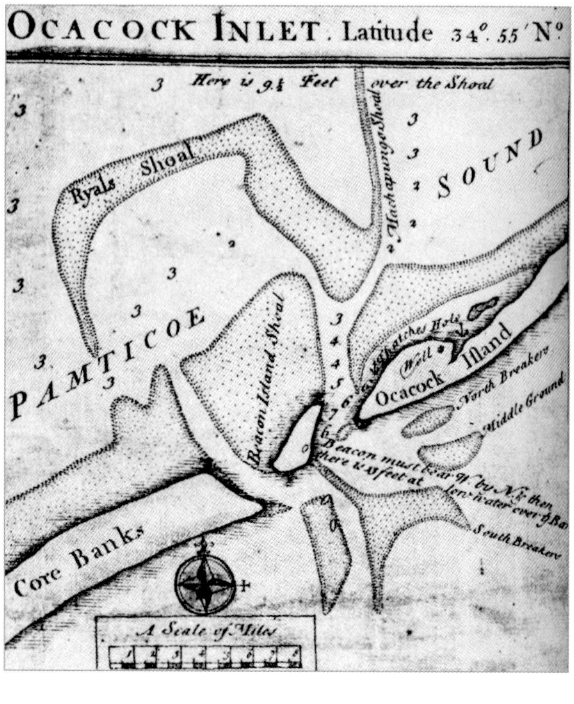

Karte von Ocacock Island.
Der kleine Anker auf der Innenseite der Insel markiert Blackbeards Ankerplatz

25 Vgl.: Bucher: The Royal Navy in the Caribbean, S. 30-37.

26 Vgl.: Starkey/Payne: "Beide vom gleichen Schlag?", S. 30.

27 Vgl.: Konstam: Blackbeard.

Nach seinem Sieg über Blackbeard ließ Leutnant Maynard den abgeschlagenen Kopf des Piraten vom Bugspriet seines Schiffes hängen.
(Buchillustration aus dem 19. Jahrhundert).

Bartholomew „Black Bart" Roberts (1682-1722) gehört zu den letzten großen Piratenkapitänen dieser Zeit und war gleichzeitig einer der wohl gefährlichsten Piraten, der die Karibik befuhr. Wo genau der Waliser sein Handwerk lernte, ob auf heimischen Fischerbooten, in der Royal Navy oder einem Sklavenschiff, ist nicht ganz gesichert. Am 5. Juni 1719 wurde er, vermutlich als Schiffszimmermann, auf dem Sklavenschiff *Princess* nahe dem afrikanischen Sklavenhandelsstützpunkt Cape Coast Castle von der Crew des Piraten Howell Davis ergriffen. Roberts schloss sich den Piraten nur unter Zwang an, gewann aber aufgrund seiner Fähigkeiten als Zimmermann und Navigator schnell ihr Vertrauen. Als Davis bei einem Überfall auf die Sklavenstation auf Prince´s Island getötet wurde, wählte die Crew Roberts zu seinem Nachfolger. Er rächte den toten Kapitän, indem er den Stützpunkt stürmen und plündern ließ. Anschließend überquerte Roberts den Atlantik. In der brasilianischen Baia de Todos kaperte er ein mit 40 Kanonen und reichen Schätzen beladenes Handelsschiff aus einer Flotte von mehr als 42 Schiffen, die noch dazu von zwei Linienschiffen gesichert wurden. Doch er verlor die Beute, als einer seiner Untergebenen, Walter Kennedy, Roberts verriet und mit der Prise davon segelte. Roberts blieb nur eine kleine Sloop, die er optimistisch *Fortune* taufte. In der Karibik musste er weitere Rückschläge hinnehmen und wurde von Schiffen des französischen Gouverneurs von Martinique und des englischen von Barbados gejagt, mit denen ihn fortan eine lebenslange Feindschaft verband. Roberts floh nach Norden bis nach Neufundland. Hier erholte er sich von den Schicksalsschlägen, baute eine neue Flotte auf und rekrutierte eine neue Mannschaft aus den Reihen der Neufundlandfischer. An Bord seines Flaggschiffes *Royal Fortune* kehrte Roberts im Herbst 1721 in die Karibik zurück und verbreitete Angst und Schrecken unter der Handelsschifffahrt. Er war kühn genug, Barbados anzugreifen und nachdem er ein französisches Schiff mit dem Gouverneur von Martinique an Bord gekapert hatte, ließ er diesen kurzerhand aufhängen. Schließlich überquerte er erneut den Atlantik und überfiel Sklavenschiffe und -stützpunkte entlang der Guineaküste. Hier wurde er schließlich im Februar 1722 durch das 50-Kanonen-Linienschiff HMS *Swallow* unter dem Befehl von Chaloner Ogle gestellt und durch einen Kanonenschuss getötet. Im anschließenden Gefecht gelang es der *Swallow* die *Royal Fortune* zu entern. Ein Großteil der Besatzung wurde verurteilt und entweder gehängt oder zur Zwangsarbeit geschickt.

Bartholomew „Black Bart" Roberts.
Rechts im Hintergrund die "Royal Fortune".
(Stich aus Charles Johnsons A General History of the Robberies and Murders of the most notorious Pyrates)

Roberts war der letzte große Vertreter des Goldenen Zeitalters[28], dessen Geschichte nicht wenige Historiker mit dem Prozess an seinen Männern enden lassen.[29] Bis etwa Mitte der 1720er-Jahre blieb die Karibik ein unruhiges Gewässer, danach ebbte die Welle der Piraterie ab. Hierfür wird oft die gestiegene Effektivität europäischer Marinen in der Piratenjagd verantwortlich gemacht. Sehr wahrscheinlich spielte aber auch der Umstand eine Rolle, dass die 1720er-Jahre ein vergleichsweise friedliches Jahrzehnt blieben. Der Handel erholte sich rasch und bot Seeleuten wieder ein legales Einkommen. Zusammen mit den abschreckenden und medial stark verbreiteten Berichten über Massenhinrichtungen von Piraten – die Schicksale von Roberts und Thache waren prominente, in der westlichen Welt viel rezipierte Beispiele – die womöglich

28 Suthren: Black Flag of the North.
29 Vgl.: Marx: Das Goldene Zeitalter, S. 103.

die Träumereien von schnell zu erwerbenden Reichtümern überlagerten, mögen diese Faktoren dazu beigetragen haben, Piraterie als weniger attraktives Lebensmodell erscheinen zu lassen. Sie verschwand bis zu Beginn des 19. Jahrhunderts allerdings nie vollständig und die legale Kaperei erlebte in Zeiten großer Kriege, etwa dem Siebenjährigen (1756-1763), dem Amerikanischen Unabhängigkeits- (1775-1783) oder den Revolutions- und Napoleonischen Kriegen (1792-1815) kurzfristig kleinere Hochphasen. Doch die wirklich Goldene Zeit der Piraterie war endgültig vorbei.

Hinrichtung von Stede Bonnet.
(Stich aus Charles Johnsons A General History of the Robberies and Murders of the most notorious Pyrates).

EINE BANDE VON BRÜDERN? ALLE SIND GLEICH?

Piraten wurden von der Forschung lange Zeit als eine Form von Sozialrebellen beschrieben, die den Hierarchien einer vermeintlich spätfeudalen europäischen Gesellschaft im 17. und 18. Jahrhundert entfliehen und selbst Herren ihres Schicksals sein wollten. Dieses Bild deckt sich gut mit dem der Piraten aus Roman- und Filmwelten. Doch es fußt auf einer teilweise zu konservativen Vorstellung von der Lebenswirklichkeit des 17. und 18. Jahrhunderts. Neuerdings lassen sich Piraten besser unter dem Oberbegriff einer „Gewaltgemeinschaft“ fassen, also eine außerhalb herrschaftlicher oder staatlicher Kontrolle stehende Gruppe von Menschen, deren innere Bindung und Einkommen vor allem durch Gewalt bestimmt und erzielt wird. Wie jede Gemeinschaftsform bildete auch diese Gruppe Regelwerke in Form von Gesellschaftsverträgen aus, die Hierarchien, Beuteverteilung und soziale Absicherungen definierten und Verstöße unter Strafe stellten.

Die frühen Bukanier lebten meist in kleinen Gruppen von sechs bis acht Mann (sogenannten Matelotages).[30] Nach Exquemelin handelte es sich dabei um Gemeinschaften, die nicht zwingend auf Raub angewiesen waren, sondern verschiedenen Erwerbsmöglichkeiten nachgingen. Während der eine auf Kaperfahrt ging, konnten sich andere Mitglieder als Jäger betätigen oder gar als Hilfsarbeiter auf einer Tabakplantage anwerben lassen. Die Gemeinschaft konnte auch über eigene Knechte verfügen und teilte sich im Bedarfsfall eine Frau. Mitunter wird aufgrund des Fehlens von Frauen darauf rückgeschlossen, dass die Gemeinschaften auch eheähnliche homosexuelle Partnerschaften darstellten, was sich aber aus den Quellen schwer belegen lässt.

Die frühen Bukanier waren oftmals Freiwillige, die sich aus diesen Jagdgemeinschaften zusammensetzten. Sobald ein Kapitän ein Schiff ausrüstete, warb er Männer an *„und wann sie dann allesamt fertig und beysammen sind / gehen sie zu Schiff / darein jedweder was er von Kraut / Loht und Gewehr nöthig hat / mit sich bringet.“*[31] Die Besatzungen rüsteten sich demnach überwiegend selbst aus.

Eine der romantisierenden Legenden, die nicht zuletzt durch Filme über die Welt der Piraten verbreitet wird, ist jene, einer Welt ohne soziale Schranken in der alle Männer gleich sind. Zwar waren die Aufstiegschancen innerhalb dieser Gesellschaft für den einzelnen Matrosen viel größer, das heißt aber nicht, dass es keine soziale Schichtung unter Piraten gab. Exquemelin schreibt zwar über die Bukanier des 17. Jahrhunderts: *„Der Capitain mag keine bässere Schüssel als der geringste / der allda ist / haben / oder / so sie es merken / nehmen sie die ihrige und setzen sie an*

30 Vgl.: Neumann: Piratengesellschaften, S. 67.
31 Zit.: Exquemelin: Die Americanische See-Räuber, S. 116.

Black Bart Roberts
Der berühmte Piratenkapitän trägt einen roten Samtrock, den er angeblich vor seinem letzten Gefecht angelegt haben soll. Die normalerweise bis auf den Oberschenkel reichende Weste wurde gekürzt und in die Hose gesteckt.

des Capitains Ort.“ [32] Allerdings zeigt sich die soziale Schichtung nicht zuletzt an der Unterbringung auf den Schiffen, die sich kaum von den übrigen Handels- und Kriegsschiffen dieser Zeit unterscheidet. Der Kapitän und die Offiziere logierten im Heckbereich des Schiffes, die Mannschaft im Vorschiff. Untersuchungen von Blackbeards *Queen Anne´s Revenge* zeigten zudem, dass die kostbarsten Fundstücke – teure Gläser, verzierte Waffen und Schmuck – sich im Heckbereich des Schiffes fanden, was auf einen höheren Lebensstandard der Offiziere hinweist. [33] Da an Exquemelins Bericht jedoch wenig Zweifel besteht, so scheint es möglich, dass sich die Piraten der 1710er- und 1720er-Jahre in dieser Hinsicht stärker von den Bukaniern des 17. Jahrhunderts unterschieden. Andererseits erscheint es auch nicht unwahrscheinlich, dass die großen Bukanierkapitäne des 17. Jahrhunderts ebenfalls über besser ausgestattete Kabinen verfügten. Zumindest deutet auch Exquemelin an, dass es auf der *Oxford*, dem unglücklichen Flaggschiff Henry Morgans, gewisse Standesunterschiede gab, als diese 1669 explodierte. An diesem Abend nämlich, *„tranck man lustig auf des Königs von England Gesundheit / und einen glücklichen Success, worzu allemal tapffer geschossen ward / und inzwischen die Herren hinten braf frölich waren / thate das Volck auf dem Schiffsboden desgleichen.“* [34] Es wurde also nicht zusammen gefeiert, sondern Offiziere und Mannschaft waren auch für diesen feierlichen Anlass räumlich voneinander getrennt.

Bei den Bukaniern des 17. Jahrhunderts stand der unternehmerische Charakter der Gemeinschaften viel stärker im Vordergrund, als bei den Piraten des 18. Jahrhunderts. Vor einer Unternehmung warben Kapitäne in einem der bekannten Stützpunkte, etwa Tortuga oder Port Royal, eine Mannschaft an. Oftmals riefen sie alle unbeschäftigten Seeleute an einem Versammlungsort zusammen, stellten ihr geplantes Unternehmen vor und warben anschließend Freiwillige an. [35] Exquemelin beschreibt die Bukanier des 17. Jahrhunderts als stark egalitäre Gemeinschaft. Sobald die Schiffe auf See waren *„wird mit gemeiner Stimme resolvirt / wohin man seinen Lauf nehmen und kreutzen wolle.“* [36] Über das Vorgehen wurde demzufolge im Mannschaftsrat beschlossen. Da der Kapitän jedoch das Schiff ausgerüstet und damit ein größeres Kapital eingebracht hatte, wurde in jenen Besprechungen auch *„ein Accord / den sie Chase partye nennen / getroffen / was der Capitain für sein Schiff und für sich haben solle.“* [37] Ein Bukanierkapitän spielte demnach für die Anwerbung einer Mannschaft und die Ausrüstung eines Schiffes eine viel zentralere Rolle, als der Kommandant eines Kaperschiffes, der meist nur im Auftrag von Kaufleuten agierte. Auch die Jäger, die den Proviant beschafften, der meist aus Fleisch bestand, wurden extra entlohnt, ebenso wie der Wundarzt, der offensichtlich auf vielen Schiffen mitfuhr.

Seeleute waren an diese Hierarchien gewöhnt. Viele Forscher sehen darin einen Hinweis auf ihre vorherige Tätigkeit auf Kriegsschiffen, doch auch Handelsschiffe waren hierarchisch organisiert. Eine klare Rollenverteilung und Hierarchie war für den Betrieb großer Segelschiffe unabdingbar. Neben dem Kapitän und den Decksoffizieren gab es eine ganze Reihe von Spezialisten, die für die Instandhaltung des Rumpfes, der Segel, für die Navigation und für die Waffen zuständig waren. Einige Forscher sehen im Aufleben der Piraterie, insbesondere während des „Goldenen Zeitalters“ im frühen 18. Jahrhundert ein Aufflackern gegen die brutalen Lebensbedingungen auf den Handels- und Kriegsschiffen dieser Zeit und ein Zeichen für die Suche nach einer freien, egalitären Gemeinschaft seitens der Matrosen. [38] Diese Theorie ist allerdings nicht unproblematisch. Zum einen spricht der zeitliche Kontext gegen sie, denn die Lebensbedingungen auf Kriegsschiffen waren in Kriegszeiten vermutlich schlechter, als Männer in großer Zahl mit Gewalt in den Dienst gepresst wurden, als in Friedenszeiten, in denen sich Kriegsflotten zu einem größeren Teil mit Freiwilligen bemannen konnten. Das Goldene Zeitalter setzte aber nicht während, sondern nach dem Spanischen Erbfolgekrieg ein, weswegen es wahrscheinlicher ist, dass die aus Beschäftigungslosigkeit resultierende Not sie in die Kriminalität trieb. Zum anderen gehörten das 17. und 18. Jahrhundert einer Zeit an, die viel stärker an körperliche Gewalt gewöhnt war, als die Moderne. Dies galt sowohl für den privaten Bereich, als auch für die Justiz. Bereits die Bilder Jan Bruegels aus dem frühen 17. Jahrhundert zeigen immer wieder Jahrmarktszenen mit Massenschlägereien. Duelle wurden nicht nur zwischen Adligen ausgetragen, sondern auch mit oder ohne Waffen zwischen gemeinen Männern. Schläge waren ein erlaubtes Erziehungsmittel für Kinder und ungehörige Ehefrauen und nicht nur die Militärjustiz bediente sich der Prügelstrafe. Der einzelne Täter mochte seine Auspeitschung als ungerechtfertigte Demütigung empfinden, generell waren sie aber ein akzeptiertes Mittel der Bestrafung und Erziehung. Allerdings war die Rechtsstellung der Matrosen zu ihren Kapitänen im Heuervertrag klar geregelt und Schiffsführer, die die Grenzen ihrer Disziplinargewalt überschritten, mussten sich entweder während der Fahrt mit einer Meuterei oder im Anschluss mit einem ordentlichen Gerichtsverfahren auseinandersetzen. [39] Markus Rediker recherchierte zwischen 1700 und 1750 etwa 60 Meutereien auf englischen Schiffen und schloss daraus auf die auch in Charles Johnsons Geschichte der Piraterie angepran-

32 Zit.: Exquemelin: Die Americanische See-Räuber, S. 118.

33 Vgl.: Wilde-Ramsing/Carnes-McNaughton: Blackbeard´s Sunken Prize, S. 161-162.

34 Zit.: Exquemelin: Die Americanische See-Räuber, S. 295.

35 Vgl.: Konstam: Scourge of the Seas, S. 32-33.

36 Zit.: Exquemelin: Die Americanische See-Räuber, S. 118.

37 Zit.: Exquemelin: Die Americanische See-Räuber, S. 118.

38 So z. B. Rediker: Villains of all Nations.

39 Vgl.: Witt: Meuterei und Piraterie, S. 120.

Bukanier aus der Besatzung des L´Olonois
Die Bewaffnung mit Luntenschlossmuskete, Degen, Pistole und Patronentasche entspricht zeitgenössischen Beschreibungen.
Die kurze Jacke war eine typische Arbeitsbekleidung jener Zeit.

gerte ungewöhnliche Härte an Bord von Handelsschiffen. Allerdings bedeuten die von ihm zutage geförderten Zahlen gerade einmal etwas mehr als eine Meuterei pro Jahr.[40] Zieht man eine gewisse Dunkelziffer in Betracht, mag sich diese Zahl auf zwei bis drei erhöhen. Von den betroffenen Mannschaften schlossen sich, vor allem bis 1725 sicherlich einige den Piratengruppen an. Betrachtet man jedoch das enorme Volumen der englischen Handelsmarine von mehreren tausend Schiffen, so stellen Meutereien eine eher seltene Ausnahmeerscheinung dar. Sie mögen im Einzelfall zu Piraterie geführt haben, George Lowther und Henry Avery sind durchaus bekannte Beispiele von Piraten, die ihre Schiffe infolge einer Meuterei erlangt haben – lassen aber nicht den Umkehrschluss zu, dass allgemeine schlechte Lebensbedingungen an Bord von Handelsschiffen die Grundlage für Piraterie bildeten. Avery und Lowther liefern zudem zwei unterschiedliche Gründe für Meutereien. An Bord der *Carlos II*, die Avery vor der spanischen Hafenstadt La Coruña übernahm, war über Monate die Heuer der Matrosen ausgeblieben. Lowther war zweiter Maat auf dem Guineafahrer *Gambia Castle* und beschwerte sich über die angebliche Vernachlässigung der Gesundheit der Crew in den zugegebenermaßen klimatisch bedingt ungesunden Gewässern vor der westafrikanischen Küste. In beiden Fällen wurden die Kapitäne und ein loyaler Kern der Besatzung in der Nähe von Siedlungen an Land ausgesetzt. Der Gewalteinsatz bei der Übernahme der Schiffe hielt sich somit in Grenzen und das, obwohl gerade Lowther später für seine Grausamkeit berühmt werden sollte.[41]

Es ist nicht auszuschließen, sogar wahrscheinlich, dass einzelne Delinquenten sich einer Bestrafung durch Desertion entzogen und sich Piratengruppen anschlossen. Dennoch scheint in Anbetracht des zeitlichen Kontextes soziale Not eine größere Rolle gespielt zu haben. So reduzierte die Royal Navy ihren Mannschaftsbestand von 53.785 Männern im Jahr 1703 – während des Spanischen Erbfolgekrieges – auf 13.430 im Jahr 1715[42] und warf somit kurzfristig 40.000 kampferfahrene Matrosen auf den „Gewaltmarkt", aus dem sich viele Piratenbesatzungen rekrutierten. Ein ähnlicher kausaler Zusammenhang nicht zwischen Krieg und Piraterie, sondern zwischen Friedensschluss und Piraterie lässt sich zu Beginn des 17. Jahrhunderts ausmachen, als die erste Welle englischer Piraten in Folge des englisch-spanischen Friedens von 1601 die Karibik unsicher machte. Bereits ein Zeitgenosse wie Johnson erkannte diesen Zusammenhang und schrieb in Zusammenhang mit dem Utrechter Frieden: „*Denn währenden Kriegs findet man fast keine Seeräuber aus Ursachen, daß diejenigen, so zu dieser Hanthierung geneigt, sich als denn zu denen Capers schlagen.*"[43]

Eine besondere Ausnahme von all diesen Wegen in eine kriminelle Parallelgesellschaft stellt die Karriere von Stede Bonnet dar. Bonnet war ein angesehener und durchaus erfolgreicher Plantagenbesitzer auf Barbados, wo er gleichzeitig als Major der Inselmiliz fungierte. Die Gründe, warum er sich schließlich im Frühjahr 1717 dazu entschied, eine eigene kleine Sloop mit zehn Kanonen bauen zu lassen, eine Mannschaft anzuheuern und ein Piratenleben zu führen, sind nicht ganz klar. Johnson berichtet in seiner Geschichte der Piraterie, Bonnet habe sich in seiner Ehe unwohl gefühlt.[44] Allerdings fehlte ihm jegliche Erfahrung als Seemann und so verlor er schnell an Ansehen unter seiner Crew, die er entgegen der üblichen Methode, regulär bezahlte. Bei einem Kampf mit einem spanischen Kriegsschiff entkam seine Sloop mit knapper Müh und Not, wobei Bonnet schwer verwundet und ein erheblicher Teil der Besatzung getötet wurde. Das Schiff segelte anschließend nach Nassau, wo Bonnet in die Kreise von Blackbeard geriet, der ihn zwar in seine Bande aufnahm, ihm jedoch einen eigenen Offizier vorsetzte. Später trennten sich ihre Wege, allerdings nur, weil Blackbeard Bonnet verriet und einen Teil seiner Crew aussetzen ließ. Doch der „Gentlemen Pirate" blieb glücklos. Ende September 1718 wurde sein Schiff nahe Cape Fear von einem kleinen Geschwader aus North Carolina gestellt und aufgebracht, Bonnet wenige Wochen später als Pirat gehängt.

Die Behandlung von Afrikanern, die Piraten auf Sklavenschiffen in die Hand fielen, war durchaus ambivalent. Keinesfalls alle wurden befreit und in die Mannschaften integriert, dafür war allein die Zahl der Sklaven, die ein einziges Schiff transportieren konnte, viel zu groß. Als Blackbeard die französische *Concorde* kaperte – die spätere *Queen Anne´s Revenge* – fielen ihm und seiner Crew 455 Sklaven in die Hände, von denen er nur 157 behielt. Mindestens die Hälfte von ihnen verkaufte Thache auf den nahen französischen Zuckerinseln, die das ursprüngliche Ziel der *Concorde* waren. Fünf weitere Sklaven schenkte er Besatzungsmitgliedern eines anderen gekaperten Schiffes, die sich den Piraten freiwillig angeschlossen hatten.[45] Auf der anderen Seite berichteten Augenzeugen, die die *Queen Anne´s Revenge* vor der Küste Carolinas gesehen hatten, dass ihre Besatzung aus 40 Weißen und 60 Afrikanern bestand, während fünf der 14 Crewmitglieder Blackbeards während des Gefechts bei Ocracoke Island schwarz waren.[46] Auch auf Sam Bellamys *Whydah* fuhren mindestens 25 Schwarze, die die Piraten von einem Guineafahrer befreit hatten. Es gibt

40 Vgl.: Rediker: Between the Devil and the Deep Blue Sea, S. 84.
41 Vgl.: Witt: Meuterei und Piraterie, S. 126-127.
42 Zahlen nach Cordingly: Life Among the Pirates, S. 224.
43 Zit.: Johnson: Schauplatz Der Englischen See-Räuber, S. 107.
44 Vgl.: Johnson: A General History of the Pyrates, S. 95.
45 Vgl.: Wilde-Ramsing/Carnes-McNaughton: Blackbeard´s Sunken Prize, S. 32.
46 Vgl.: Lee: Blackbeard the Pirate, S. 122.

sogar seltene Beispiele von ausschließlich schwarzen Piratenmannschaften. 1699 besetzten 30 entlaufene Sklaven von St. Thomas eine Schaluppe und brachten mehrere Schiffe auf. Insgesamt wird der Anteil Schwarzer an der Piraterie auf 25 bis 30 Prozent geschätzt.[47]

Keine zuverlässigen Schätzungen liegen dagegen über die westindischen Indianer vor, die sich den Bukaniern im 17. Jahrhundert anschlossen. Dampier erwähnt sie des Öfteren und schreibt: *„Wenn sie unter die Freibeuter kommen, werden sie mit Gewehren vertraut und erweisen sich als sehr gute Schützen: Sie verhalten sich im Kampf sehr tapfer, und scheinen niemals zu zögern oder zurückzufallen.“*[48] Einmal – im Jahr 1681 – schildert er die Zusammensetzung einer Mannschaft: *„Wir zählten 44 Weiße, die Waffen trugen, einen spanischen Indianer, der ebenfalls Waffen trug, zwei Moskito-Indianer, die unter den Freibeutern stets Waffen trugen* [...] *und fünf Sklaven, die in der Südsee erbeutet wurden und uns als Anteil zufielen.“*[49] Da Dampier explizit darauf verweist, dass die mitgeführten Indianer bewaffnet waren, während er dies bei den Schwarzen nicht tut, ist es denkbar, dass diese weiter als unfreie Arbeitskräfte und nicht als vollwertige Crewmitglieder an Bord gehalten wurden.

Und schließlich bestanden die Mannschaften keinesfalls ausschließlich aus Freiwilligen. Ein Leben als Pirat – außerhalb der Legalität – war mit großen Risiken verbunden und viele, die dieses Risiko eingingen, wurden keineswegs durch die Aussicht auf unermesslichen Reichtum motiviert, sondern eher auf bescheidene Beute, die sich jedoch immer noch deutlich von ihrem bisherigen Verdienst abhob. Dagegen gab es aber auch eine Reihe von Berufsgruppen mit relativ gutem Einkommen, für die diese unsicheren Verlockungen nicht ausreichten, die aber aufgrund ihrer Qualifikationen auch auf Piratenschiffen gebraucht wurden. Blackbeard zwang unter anderem den Arzt, zwei seiner Assistenten, den Navigator, zwei Zimmerleute, zwei Köche, einen Waffenschmied und einen Trompeter der gekaperten *Concorde* in seine Dienste. Diese gepressten (unter „pressen“ versteht man die Zwangsrekrutierung von Seeleuten) Mannschaftsmitglieder wurden jedoch keineswegs schlechter behandelt, der Arzt erhielt die ihm im Heckbereich des neuen Flaggschiffes zustehende Kabine.[50] Black Bart Roberts war selbst als Schiffszimmermann in eine Piratenmannschaft gepresst worden, bevor er zum gefürchteten Kapitän aufstieg.

47 Vgl.: Kinkor: Sklaven auf Piratenschiffen, S. 100-101.

48 Zit.: Dampier: A New Voyage round the World, S. 8.

49 Zit.: Dampier: A New Voyage round the World, S. 1-2.

50 Vgl.: Wilde-Ramsing/Carnes-McNaughton: Blackbeard's Sunken Prize, S. 30, 121-122, 161-162.

DER PIRATENCODE

Damit diese selbst gefundenen und organisierten Gemeinschaften auch funktionierten, waren Regeln unerlässlich. Exquemelin verweist bereits darauf, dass die frühen Bukanier die Bedingungen ihrer Zusammenarbeit in Verträgen festhielten. Nicht immer wurden diese niedergeschrieben, aber je größer die Crews wurden, desto wichtiger wurden detaillierte Vereinbarungen. Darin zeigt sich auch, dass Piraten keinesfalls die archaischen, außergesellschaftlichen Gruppen waren, als die sie oft charakterisiert werden, sondern dass auch sie einigen Grundprinzipien aller Menschen folgten, wonach eine soziale Gruppe, die sich über einen längeren Zeitraum zusammenfindet, Regeln und Strukturen benötigt. Tatsächlich wurden Streitfälle, beispielsweise über die Verteilung von Beute, mitunter nicht nur innerhalb der Gemeinschaft geschlichtet, sondern vor offiziellen Gerichten, etwa in Jamaika, verhandelt. Diese hatten Konflikte auf Basis niedergeschriebener Bukanierordnungen, der sogenannten Charte-Parties, zu lösen.[51]

Die bekannteste dieser Piratenordnungen stammt von Bartholomew Roberts und wurde aufgestellt, nachdem einer seiner Gefährten, Walter Kennedy, mit seinem Schiff und einem großen Teil einer soeben gemachten Beute verschwand. Die Ordnung umfasste elf Punkte:

- Jeder Mann soll bei Abstimmungen eine gleichberechtigte Stimme haben. Er hat gleichen Anspruch auf den Proviant und Alkohol, der erbeutet wird und soll ihn jederzeit nach eigenem Belieben verwenden können, bis die Notwendigkeit zum Schutz der Allgemeinheit es notwendig erscheinen lässt, dass über einen Entzug abgestimmt wird.
- Jeder Mann wird bei der Eroberung von Prisen gleichbehandelt. Über seinen gerechten Anteil hinaus, steht ihm ein Kleidungswechsel zu. Aber wenn jemand die Gemeinschaft um den Wert auch nur eines einzelnen Dollars in Barren, Juwelen oder Geld betrügt, soll er ausgesetzt werden. Wenn ein Mann einen anderen beraubt, sollen ihm Nasen und Ohren abgeschnitten und er soll dort ausgesetzt werden, wo er mit Sicherheit große Unwegsamkeit ertragen muss.
- Niemand soll um Geld spielen, weder mit Würfeln oder Karten.
- Kerzen und Lichter sollen um acht Uhr gelöscht werden und wenn jemand aus der Crew danach noch trinken möchte, soll er ohne Licht auf dem offenen Deck sitzen.
- Jeder Mann soll seine Waffen, Entermesser und Pistolen zu jeder Zeit sauber und gefechtsbereit halten.

51 Vgl.: Konstam: Scourge of the Seas, S. 146.

- Kein Junge und keine Frau werden unter der Mannschaft erlaubt. Wenn jemand dabei gefunden wird, wie er eine der letzteren verführt und unehrenhaft mit auf See nimmt, soll er die Todesstrafe erleiden.
- Derjenige, der während des Gefechts seine Station auf dem Schiff verlässt, soll mit dem Tod oder durch Aussetzen bestraft werden.
- Niemand soll jemanden an Bord schlagen. Jeder Streit wird an Land mit Pistole oder Schwert auf folgende Art und Weise ausgetragen werden. Auf das Wort des Quartermasters wird jeder Mann, sie wurden zuvor Rücken an Rücken, einige Schritte voneinander getrennt aufgestellt, sich umdrehen und feuern. Wenn ein Mann es nicht tut, soll ihm der Quartermaster die Waffe aus der Hand schlagen. Wenn beide Männer verfehlen, sollen sie zu Entermessern greifen und derjenige, der seinem Gegner zuerst eine blutige Wunde zufügt, soll zum Sieger erklärt werden.
- Niemand soll davon reden, diese Lebensweise aufzugeben, bis nicht jeder einen Anteil von 1.000 £ erzielt hat. Jeder Mann, der verkrüppelt wird oder ein Bein verliert, soll 800 Dollar (tatsächlich rechnet der Code mit verschiedenen Währungen, Anm. A. Q.) aus der Gemeinschaftskasse erhalten und für geringere Verletzungen einen proportional kleineren Anteil.
- Der Kapitän und der Quartermaster sollen zwei Anteile an einer Prise erhalten, der Master, Bootsmann und Kanonier eineinhalb Anteile und andere Offiziere eineinviertel.
- Die Musiker sollen das Recht haben, am Sabbath frei zu nehmen. An anderen Tagen nur mit Zustimmung.[52]

52 Nach: Johnson: A General History of the Pyrates, S. 230-232.

Abbildung auf der vorherigen Doppelseite:
Nur in Ausnahmefällen endeten Piratenangriffe mit dem Entern eines Schiffes, denn Piraten versuchten, eigene Verluste zu vermeiden und ihre Gegner vorher einzuschüchtern. Kam es doch zu Nahkämpfen, hatte eine Widerstand leistende Besatzung wenig Gnade zu erwarten.

Die Ordnung ist durchaus bemerkenswert, sowohl aufgrund ihrer Vielfältigkeit, als auch wegen der darin aufgezählten Strafen. So wurde Kameradendiebstahl oder Verlassen der Gefechtsstation ebenso schlimm bestraft, wie in der Royal Navy, was es weniger wahrscheinlich wirken lässt, dass das königliche Bestrafungssystem einer der Hauptgründe gewesen ist, warum die Männer sich Piraten anschlossen. Interessant ist auch der neunte Punkt, der sich mit der Auflösung der Gemeinschaft beschäftigt. 1.000 £ waren zu Beginn des 18. Jahrhunderts bereits mehr als ein kleines Vermögen und hätten es einem Seemann erlaubt, sich ein respektables Leben in der zivilisierten Welt aufzubauen. Dass dieser Punkt eigens in die Ordnung aufgenommen wurde, unterstreicht, dass viele Piraten wohl nicht dauerhaft ein kriminelles Leben führen wollten, sondern darauf hofften, ihr Glück zu machen und als ehrbare Männer in die zivile Welt zurückzukehren.

Schließlich ist da der zweite Teil des neunten Punktes, der sich mit der sozialen Absicherung verkrüppelter Piraten beschäftigt. Einige Forscher verweisen darauf, dass es sich dabei um die ersten Sozialordnungen in der frühneuzeitlichen Geschichte gehandelt habe. Doch diese Ansicht fußt auf einem mangelhaften Verständnis frühneuzeitlicher sozialer Sicherheitsnetze. Zwar gab es nichts, was mit modernen Renten-, Arbeitslosen- oder Krankenversicherungen vergleichbar wäre, dennoch war nicht jeder Kriegskrüppel des 17. und 18. Jahrhunderts automatisch zum Bettelstab verurteilt, auch wenn zeitgenössische Flugblätter uns davon bemitleidenswerte Bilder präsentieren. Eine große Rolle spielten – vor allem in katholischen Ländern – die caritativen Einrichtungen der Kirche. In protestantischen Ländern entstanden darüber hinaus Armen- und Waisenhäuser. Im Laufe des 18. Jahrhunderts – allerdings nach dem Goldenen Zeitalter – führten viele Armeen Invalidenkompanien ein, in denen leicht Versehrte weiterhin ein Auskommen besaßen. Bereits seit dem 17. Jahrhundert wurde in den Heeren deutscher Staaten zudem ein Anteil vom Sold des Soldaten, der sogenannte Invalidenpfennig, einbehalten und in eigenen Sozialkassen gesammelt. In England erlaubte Queen Anne während des Spanischen Erbfolgekrieges, dass in der Musterrolle jeder Kompanie der Name eines nicht existierenden Mannes eingetragen werden durfte. Der Sold dieser Geistersoldaten sollte dazu benutzt werden, um Rücklagen zu bilden, mit denen Kriegswitwen unterstützt werden sollten.[53] Spanien, die Niederlande, England und Frankreich unterhielten zudem militärische Invalidenhäuser, wie das Hotel des Invalides in Paris oder das Greenwich Hospital. Letzteres diente seit 1692 der Unterbringung pensionierter Seeleute. Schließlich versuchten auch städtische Gemeinden Armut und Bettlertum zu bekämpfen, indem sie Versehrten Arbeit als Stadt- oder Nachtwächter oder in anderen Funktionen gaben. All diese Maßnahmen reichten zwar nicht, um

53 Vgl.: Falkner: Marlborough´s War Machine, S. 181.

die große Zahl etwa durch Kriegsverletzungen dauerhaft verkrüppelter Männer aufzufangen und selbst jene, die durch dieses soziale Netz aufgefangen wurden, lebten an dem, was wir heute als Existenzminimum bezeichnen würden. Aber es wäre falsch, die Frühe Neuzeit als Zeit ohne jegliche soziale Absicherungssysteme zu charakterisieren. Freilich war jedem Matrosen und Soldaten bewusst, dass er im Falle der Invalidität, ob mit oder ohne Absicherung, in Armut leben würde. Die enormen Summen, die ihnen durch Piratenordnungen zugesichert wurden, waren in dieser Form durchaus einmalig. Bekannter und differenzierter als die Ordnung von Roberts ist diesbezüglich sicherlich jene von Henry Morgan. Morgan wird oft als Erfinder der Sozialversicherung beschrieben. Allerdings schreibt bereits Exquemelin, der Morgans Ordnung überliefert hat, dass die *„Vergeltung der Gequetschten"* zu den üblichen Akkorden gehörte, die Bukaniermannschaften auf See abschlossen. Laut Morgans Ordnung erhielt ein Seemann für den Verlust eines rechten Arms 600 Piaster oder sechs Sklaven, für einen linken Arm oder rechtes Bein 500 Piaster oder fünf Sklaven, für das linke Bein 400 Piaster oder 4 Sklaven, für ein Auge 100 Piaster oder einen Sklaven. Steife Arme wurden wie abgetrennte Gliedmaßen taxiert und wie schwere Verwundungen mit 500 Piaster oder fünf Sklaven ausgezahlt. Erst nachdem diese Summen von der Beute abgezogen waren, konnte diese unter den unverwundeten Überlebenden verteilt werden.[54] In der Ordnung des Kapitäns John Phillips aus den 1720er-Jahren heißt es dagegen: *„Derjenige / so im Streit ein Glied von seinem Leib verlieren wird / soll 400 Stück von Achten / und so es ein Fuß oder Arm ist 800 Stück haben."*[55]

Verwundete waren auch die ersten, die ihren Anteil an der Beute erhielten. Exquemelin beschreibt die Beuteverteilung unter L'Olonnais anschaulich: *„Hier* [auf Hispaniola, Anm. A.Q.] *theilten sie ihr Gut / das sie befunden in contant Silberwerk und Juwelen 260000. Stucken von Achten wehrt zu seyn. Uberdas bekam jedweder wol noch hundert Stucken von Achten / in Leinwand= und Seyden=Gütern / zu samt noch andern Kleinigkeiten mehr. Die Gequetschten wurden vor allen Dingen* [...] *recompensirt. Hernach ward das Silberwerk gewogen / und gerechnet zu zehen Stucken von Achten das Pfund / die Juwelen wurden ungleich gewürdiget / dieweil sie keine eigentliche Erkandtnus darvon hatten. Nachdem sie allzumal endlich sich verschworen hatten / daß sie nichts hinterhalten / wurde jedwedem sein Geld / das ihm zukam / gegeben. Die Theile und Portiones derjenigen / so im Gefecht umkommen / wurden ihren Freunden gegeben."*[56] Größere Piratenbesatzungen warben außerdem Schiffsärzte für die Versorgung von Kranken und Verwundeten an. Henry Morgan legte 1670 im Kontrakt mit seinen Besatzungen fest, dass von der gemeinsamen Beute zusätzlich zur Bezahlung der Schiffsärzte 200 Piaster für ihre Bordapotheke abgezweigt werden sollte.

Doch nicht jede Schaluppe besaß einen Arzt. Johnson schildert die Behandlung eines am Bein verwundeten Piraten aus der Besatzung des Kapitäns John Phillips: *„Weil kein Wund=Arzt in der Räuber Schiff vorhanden war, so wusten sie nicht, wie sie die Cur des verwundeten Beins angreiffen sollten: es wurde also in einer von ihnen dieser wegen angestelleten vernünftigen Berathschlagung beschlossen, das Bein abzunehmen, wozu der Zimmermeister als hiezu der geschickteste erwehlet wurde. Dieser nam ohne Weitläufigkeit das Bein unter den Arm, und sonderte es mit eben solcher Geschicklichkeit vom Leibe, als wenn er ein Stück Holz gespalten hätte. Es glückte ihm aber nicht, sowol mit dem glüenden Eisen, die Wunde zu zu brennen, weil er das Fleisch solcher Gestalt verbrannte, daß die Cur gefährlicher als die Wunde selbst wurde: doch ersetzte die starcke Natur den Mangel der Kunst und der Patient wurde in weniger Zeit gesund."*[57]

Hierarchien waren notwendig, sowohl für den alltäglichen Bordbetrieb, als auch für den Einsatz im Kampf. Ein wenig verwundert schildert der englische Kapitän Snelgrave, der 1719 zeitweilig als Gefangener an Bord eines Piratenschiffes mitfuhr: *„Neben dem Kapitän und dem Quartermaster hatten die Piraten all die übrigen Offiziere, die an Bord eines Kriegsschiffes üblich waren."*[58]

Die hierarchischen Schichten innerhalb der Piratengesellschaft waren allerdings sehr durchlässig. Kapitäne wurden gewählt, weil sie für die fähigsten Männer gehalten wurden, sie konnten ihre Stellung aber auch schnell wieder verlieren. Charles Vane wurde von seiner Besatzung abgesetzt, da er dem Kampf mit einem französischen Kriegsschiff ausgewichen war. Obwohl Kriegsschiffe eine unattraktive Beute darstellten, da es auf ihnen keine wertvolle Fracht gab, Gefechte aber hohe Verluste bedeuten konnten, legte ihm die Besatzung dieses Verhalten aus Feigheit aus. Wahrscheinlich nutzten Konkurrenten auf das Kapitänsamt die Situation aus, um schlechte Stimmung unter der Besatzung zu verbreiten. Vane wurde auf einer kleinen Schaluppe ausgesetzt und durch „Calico Jack" Jack Rackham ersetzt. Rackham ließ das französische Schiff verfolgen und brachte es auf.

Die zweitwichtigste Person neben dem Kapitän, war der Quartermaster, der in der Regel ebenfalls gewählt wurde und unter anderem für die Verteilung der Beute zuständig war. Zusammen mit dem Kapitän ernannte er dann die übrigen Dienstgrade, etwa den Steuermann, Segelmeister, Zimmermeister, obersten Kanonier oder die Bootsleute.[59] Diese Männer waren

54 Vgl.: Exquemelin: Die Americanische See-Räuber, S. 119.

55 Zit.: Johnson: Schauplatz Der Englischen See-Räuber, S. 505.

56 Zit.: Exquemelin: Die Americanische See-Räuber, S. 200-201.

57 Zit.: Johnson: Schauplatz Der Englischen See-Räuber, S. 511.

58 Zit. nach Witt: Meuterei und Piraterie, S. 120.

59 Vgl.: Konstam: Scourge of the Seas, S. 149.

gesuchte Fachleute, die mitunter schwer zu ersetzen waren. So wurde Black Bart Roberts in den Piratendienst gepresst, weil er ein erfahrener Zimmermann war.

Letzten Endes spiegelt das Ende vieler Piratenbesatzungen ihre Entstehungsgeschichte wider. Nicht wenige waren aus Meutereien hervorgegangen oder aus Männern rekrutiert worden, die sozial im Abseits standen. Je größer die Gemeinschaften wurden, desto wahrscheinlicher war es, dass sie sich schließlich aufgrund von Uneinigkeit wieder aufspalteten. Dies konnte durch Aussetzen oder eigene Meutereien geschehen. So setzte Blackbeard Teile der Mannschaft von Stede Bonnet aus, um sie um Teile der Beute zu prellen. Die ausgesetzten Männer wurden später wieder von Bonnet eingesammelt, der daraufhin seinen Weg auf eigene Faust fortsetzte. Dagegen musste Black Bart Roberts mehrfach miterleben, wie Teile seiner Crew unter Walter Kennedy oder später Thomas Anstis mit ihren Schiffen davon segelten und eigenständig weiter operierten.

WEIBLICHE PIRATEN

Piratinnen erregten nicht nur die Fantasie von Filmemachern, sondern bereits jene von Zeitgenossen. Anders, als es so viele Stiche jener Zeit darstellen, in denen sich pralle weibliche Formen unter Seemannshemden abzeichnen, waren die meisten Frauen, die sich Piratengruppen anschlossen, gar nicht als solche erkennbar. Und obwohl mehr als eine Handvoll weiblicher Piraten in Geschichtsbüchern und Gerichtsakten ans Licht treten, so ist es doch gerade die Ungewöhnlichkeit, dass Frauen zur See fuhren, kämpften und sich als Männer ausgaben, die dazu führten, dass ihre Geschichten festgehalten und überliefert wurden. Sicherlich durchstießen einzelne Frauen das festgeschriebene geschlechterbezogene Rollenschema der Zeit, aber ihr Verhalten wurde zeitgenössisch als ungewöhnlich wahrgenommen und kann daher kaum als Beispiel frühneuzeitlicher Emanzipation herhalten, wie dies bisweilen von der Forschung getan wird.

**Anne Bonney,
eine der bekanntesten weiblichen Piraten.**
(Stich aus Charles Johnsons A General History of the Robberies and Murders of the most notorious Pyrates).

Die bekanntesten Beispiele liefern sicherlich Mary Read und Anne Bonny. Bonny war die Tochter eines Anwalts aus Cork und einem Hausmädchen. Nach dem Tod ihrer Mutter führte sie ihrem Vater den Haushalt, brannte aber schließlich mit einem Seemann namens James Bonny durch, woraufhin sie enterbt wurde. Das Paar ging nach New Providence, wo Anne sich in den Piraten John „Calico Jack“ Rackham verliebte. Die beiden stellten eine Crew zusammen, stahlen eine Schaluppe aus dem Hafen und stachen in See. Auf ihrer Fahrt kaperten sie unter anderem ein niederländisches Handelsschiff und zwangen die Besatzung, sich ihnen anzuschließen. Bonny verguckte sich dabei in einen hübschen Schiffsjungen, musste aber zu ihre Überraschung feststellen, dass es sich dabei um ein weiteres Mädchen handelte, Mary Read, die bereits seit einiger Zeit als Mann verkleidet zur See fuhr und sogar als Soldat im Spanischen Erbfolgekrieg gekämpft hatte. Im Oktober 1720 wurde Rackhams Schiff nahe Jamaika aufgebracht und die Crew vor Gericht gestellt. Jonathan

Mary Reed und Anne Bonney.
Fantasievolle Darstellung aus Charles Johnsons A General History of the Robberies and Murders of the most notorious Pyrates. In Wirklichkeit wussten beide Frauen ihre Weiblichkeit wohl sehr gut zu kaschieren.

Barnet, Kapitän des Schiffes, der Rackhams Schaluppe kaperte, sagte dabei aus, dass Reed und Bonny die einzigen gewesen waren, die sich wirklich zum Kampf gestellt hätten. Obwohl alle zum Tode verurteilt wurden, entgingen die Frauen zunächst ihrem Schicksal, da beide schwanger waren und die Richter dieser Zeit kein ungeborenes Leben töten durften. Als Rackham zur Richtstätte geführt wurde, verlangte er noch einmal danach, Anne Bonny zu sehen, die jedoch verächtlich vor ihm ausspuckte und meinte *„Hättest du wie ein Mann gekämpft, würdest du jetzt nicht wie ein Hund gehängt.“*[60] Bonny verschwand später aus dem Gefängnis. Angeblich wurde sie auf Betreiben ihres Vaters frei gelassen, kehrte nach South Carolina zurück, heiratete und bekam weitere Kinder, ehe sie hochbetagt 1782 starb. Read starb dagegen 1721 im Gefängnis an einem Fieber.[61]

Es gibt allerdings noch einige andere Frauen, die sich Piraten anschlossen und in den Quellen nachweisbar sind. Sheila O`Connor wurde als Sheila NaGeira zur Piratenkönigin von Neufundland. Sie wurde von einem niederländischen Kaperschiff aufgegriffen, welches dann selbst auf dem Atlantik dem Piraten Peter Easton in die Hände fiel. Anders als in vielen anderen Fällen war O`Connors Geschlecht von Anfang an bekannt. In den Quellen wird sie als große Schönheit dargestellt. Sie schloss sich den Piraten an und verliebte sich in Gilbert Pike, einem von Eastons Offizieren. Mit ihm verließ sie schließlich die Mannschaft und zog nach Savoyen, wo die beiden eine Taverne und eine Fischerei betrieben. Gerüchteweise sollen von dort aus auch in den folgenden Jahren immer wieder kleine Boote mit Piraten, angeführt von einer Frau, vorbeifahrende Schiffe überfallen haben.

Eine weitere Piratin war Maria Lindsey, die sich in Plymouth in den brutalen Kapitän Eric Cobham verliebte. 20 Jahre lang überfielen sie Schiffe vor der kanadischen Küste und brachten die gefangenen Besatzungen in der Regel um, um keine Zeugen zu hinterlassen. Schließlich zogen sie sich von der Piraterie zurück, um im französischen Le Havre ein respektables Leben aufzubauen, Cobham wurde hier sogar Magistrat. Maria beging später Suizid und ihr Mann erzählte erst auf dem Sterbebett von ihrem wilden Leben, welches wohl sonst von der Geschichte vergessen worden wäre.

60 Zit.: Marx: Das Goldene Zeitalter, S. 120.

61 Als biografischer Abriss zu beiden: Strohmeyer: Abenteuer reisender Frauen, S. 37-47.

RÜCKKEHR IN EIN ZIVILISIERTES LEBEN?

Wie die Beispiele von O`Connor, Cobham und Lindsey bereits gezeigt haben, versuchten nicht wenige Piraten, in ein respektables Leben zurückzukehren. Vermutlich stellte die Piraterie für viele nur eine Station auf dem Weg in ein besseres Leben dar. Die Piratenordnung von Bartholomew Roberts nennt auch eine Grenze für diese Rückkehr. 1.000 £ sollte ein Mann erbeutet haben, bevor er aus der Gemeinschaft aussteigen durfte. Wie viele, gerade der einfachen Matrosen, diese Möglichkeit nutzten und für wie viele die Aussicht auf ein respektables Leben eine grundlegende Motivation zur Piraterie war, darüber lässt sich nur spekulieren. Ein Beispiel liefert der Pirat Edmund Condent, der 1718 aus Nassau floh und in den folgenden Monaten als Kapitän der Sloop *Flying Dragon* eine erfolgreiche Kaperfahrt im Indischen Ozean unternahm. Hier kaperte Condent eine Sloop der portugiesischen Marine, die er in *Flying Dragon* umbenannte. Nach einem Jahr steuerte er die französische Insel La Reunion an, erwirkte für sich selbst ein Pardon durch den dortigen Gouverneur und setzte sich mit seinen erworbenen Reichtümern zur Ruhe. Seine Mannschaft setzte ihre Aktivitäten bemerkenswerter Weise fort. Unter Billy One-Hand, der die *Flying Dragon* in *Fiery Dragon* umbenannte, kreuzten die Piraten noch mehr als anderthalb Jahre durch den Indischen Ozean, bis ihr Schiff 1721 einem Feuer zum Opfer fiel.[62]

Exquemelin schildert dagegen sehr anschaulich die Verschwendungssucht von Piraten, die es oftmals unmöglich machte, die Notwendigen Rücklagen für so einen Lebenswandel zu bilden. Es besteht wenig Zweifel, dass die von ihm überlieferten Anekdoten sich des Öfteren so zugetragen haben: „*Unter dieser Beut hatten sie uber 40000. Stucken von Achten an gemünztem Gelde / ausser was sie an gewircktem Silber und Juwelen mitgenommen hatten. Kurtze Zeit hernach kam dieser Rauber* (sic!) *mit seiner Beut in Geomaica an / woselbsten es alles gar bald verzehret / und sie selbsten gezwungen wurden / wieder auszulaufen und ihr Heil aufs neue zu versuchen.*“[63] Vom französischen Piraten Chevalier de Grammont heißt es, er habe 400.000 Livres, die er als Prisengeld für ein niederländisches Handelsschiff erhalten hatte, auf Hispaniola vertrunken, verspielt und in Frauen investiert.[64]

Bei den von Exquemelin immer wieder erwähnten Stücken von Achten handelte es sich um die spanischen Acht-Reales Münzen, die auch als Pesos bekannt wurden. Ein spanischer Matrose erhielt um 1660 eine monatliche Heuer von sechs Pesos, ein Kapitän gerade einmal 24 Pesos. Die des Öfteren erwähnten Anteile einfacher Piraten von mehreren hundert Pesos stellten somit den Gegenwert des Einkommens mehrerer Jahre dar.[65]

An anderer Stelle schildert Exquemelin, dass sich die Bukanier untereinander finanzielle Unterstützung gewährten. Allerdings durften Schuldner den Bogen auch nicht überspannen: „*Untereinander selbsten sind diese Rauber barmhertzig / dann dem / welcher nicht mehr hat / geben und theilen die andern mit / sie haben auch bey den Bier= und Wein= Zäpffern guten Credit; aber in Geomaica darf man ihnen nicht viel trauen / dann sie einen leichtlich um die Schulden verkauffen / wie ich zum öfftern gesehen habe / auch an dem / von welchem ich droben erzehlt / daß er einer Hure / ihre Heimlichkeit zu sehen / so viel Geld gegeben. Er hatte damals wol 3000. Stücke von Achten / und drey Monate hernach / ward er um seyner Schulden willen zum Knechte verkaufft / und zwar eben von dem Wirte / bey welchem er das meiste seines Geldes verzehret hatte.*“[66] Die Verlockungen und Gefahren die der mitunter schnell erworbene und ungewohnte Reichtum mit sich brachte, waren also groß. Dass Piraten ihr Geld jedoch ausschließlich schnell wieder verschleuderten, wie einige Historiker behaupten,[67] war nicht der Fall. Roche Braziliano, ein niederländischer Pirat, gehört zu den wenigen Beispielen von Seeräubern, der seine Beute tatsächlich vergrub. Als er von den Spaniern gefasst und gefoltert wurde, gestand er, einen Schatz auf der Isla de Pinos vergraben zu haben. Tatsächlich fanden die Spanier dort mehr als 100.000 Piaster.[68] Die Masse seiner Beute verprasste jedoch auch Braziliano auf Jamaika, „*dann es dieser Räuber Gewonheit ist / daß / wann sie etwas bekommen / sie dessen nicht lange Meister bleiben / sondern spielen / huren / buben / fressen und sauffen / bis nichts mehr da ist.*“[69] Diese Lebensweise macht Johnson auch dafür verantwortlich, warum so wenige Seeleute, die als Kaperfahrer im Krieg einen gewissen Wohlstand erworben hatten, diesen in den Frieden retten konnten: „*Gleich wie diese Leute ebenso leicht ihr Vermögen wieder durchbringen, als sie solches gewinnen, also werden sie nach geendigten Kriege auch um deßwillen Seeräuber.*“[70]

Dennoch gelang es einer Reihe bekannter Piratenkapitäne ins zivile Leben zurückzukehren. Peter Easton, einer der ersten großen Piratenkapitäne in den 1610er-Jahren, zahlte seine Crew aus und zog sich selbst nach Savoyen zurück, wo er einen Deal mit dem Herzog abschloss, sich ein lukratives Anwesen sicherte und als Marquis de Savoy und Geschützmeister des Herzogs ein respektables Leben führte – vielleicht einer der erfolgreichsten Kapitäne aller Zeiten. Der Mann, den König James I. damit beauftragt

62 Vgl.: Konstam: The Pirate Ship, S. 46-47.
63 Zit.: Exquemelin: Die Americanische See-Räuber, S. 156.
64 Vgl.: Marx: Brüder der Küste, S. 50.
65 Vgl.: Konstam: Scourge of the Seas, S. 67.
66 Zit.: Exquemelin: Die Americanische See-Räuber, S. 149-150.
67 Vgl.: Neumann: Piratengesellschaften, S. 73.
68 Vgl.: Marx: Brüder der Küste, S. 53.
69 Zit.: Exquemelin: Die Americanische See-Räuber, S. 148.
70 Zit.: Johnson: Schauplatz Der Englischen See-Räuber, S. 108.

hatte Easton zu jagen, Henry Mainwaring, machte mit Hilfe eines Kaperbriefes rücksichtslos Jagd auf spanische und portugiesische Schiffe. Aufgrund seiner großen Erfolge wurde er schließlich von James zum Ritter geschlagen und zum Kommandanten von Dover Castle ernannt. Allerdings agierte Mainwaring immer in den Grenzen seines Kaperbriefes.

„Calico Jack" Rackham.
(Stich aus Charles Johnsons A General History of the Robberies and Murders of the most notorious Pyrates).

Die bekanntesten Beispiele für erfolgreiche Aussteiger bilden sicherlich Henry Morgan und Woodes Rogers. Beide wurden von berühmten und berüchtigten Piraten zu gefürchteten Piratenjägern, die jeweils einer unterschiedlichen Hochphase des Goldenen Zeitalters ein Ende setzten. Morgan wurde 1674/76 Vizegouverneur auf Jamaika, Rogers 1717 auf New Providence, beide zu ihrer Zeit bedeutende Piratennester. Morgan wurde allerdings auch nachgesagt, dass er weiterhin heimlich Piraten Unterschlupf gewährte und dafür zehn Prozent ihrer Beute kassierte. König Charles II. ließ er dagegen stolz mitteilen: *„Ich habe alle englischen und spanischen Piraten, derer ich habhaft werden konnte, hingerichtet, ins Gefängnis geworfen oder den Spaniern übergeben."* [71]

Über eine ganz andere Art des Ausstiegs berichtet Exquemelin. Demnach kam es immer wieder vor, dass einzelne Bukanier bei Kontakt mit Indianerstämmen sich dazu entschlossen, die Besatzungen zu verlassen, indianische Frauen heirateten und dann in den Stämmen ein neues Leben begannen. [72]

Alles in allem dauerte die Karriere vieler bekannter Piraten nur kurz an, egal ob sie mit reicher Beute untertauchten oder gewaltsam zur Strecke gebracht wurden. Blackbeards Karriere als großer Anführer dauerte etwa zwei Jahre, ebenso, wie die von Black Bart. Andere große Namen der 1710er-Jahre, wie Bonnet oder Rackham kamen mitunter nach einer noch kürzeren Phase zweifelhaften Ruhms ums Leben. Wie hoch der Anteil derer war, die sich mit ihrer Beute zur Ruhe setzen konnten oder zumindest in der Lage waren, ein ziviles Leben aufzubauen und wie viele am Galgen landeten, lässt sich kaum schätzen, da erstere meist einfach aus der Geschichte verschwanden und nur letztere aktenkundig wurden.

Stede Bonnet, der wenig erfolgreiche „Gentleman Pirate", der sich sein Schiff selbst bauen ließ. Man beachte die Länge seiner Muskete, deren Mündung deutlich über die Schulter reicht, typisch für Langwaffen des späten 17. und frühen 18. Jahrhunderts.
(Stich aus Charles Johnsons A General History of the Robberies and Murders of the most notorious Pyrates).

71 Zit. nach Marx: Brüder der Küste, S. 57.

72 Vgl.: Exquemelin: Die Americanische See-Räuber, S. 494-501. Hierin beschreibt der Autor auch ausführlich die Heiratspraktiken eines Stammes.

Ein Erdbeben zerstört Port Royal. (Jan Luyken, 1698)

STÜTZPUNKTE

Gewaltgemeinschaften, wie Piraten, waren zwar sozial ausgegrenzt, aber nicht von der übrigen Gesellschaft abgeschnitten. Sie benötigten Anlaufpunkte, um ihre Schiffe zu überholen, Vorräte zu ergänzen, ihre Beute zu Geld zu machen und letztlich auch, um dieses Geld in die zeitgenössischen Annehmlichkeiten des Lebens, vor allem Alkohol und Frauen, zu investieren. Nicht wenige liefen zum einen oder anderen Zweck normale Häfen an. Da Piraten sich weder durch ihre Schiffe, noch ihre Kleidung von Zivilisten unterschieden, konnten sie sich oftmals unbemerkt einschleichen. Dennoch bildeten sich in der Karibik im Laufe des 17. und 18. Jahrhunderts eine Reihe fester Stützpunkte heraus, die einen herausgehobenen Ruf als Piratennester genossen. Keiner dieser Stützpunkte war jedoch herrenloses, von den Bukaniern besetztes Gebiet. Stattdessen unterstanden alle der Kontrolle einer europäischen Kolonialmacht, wodurch die nicht vollständige Ausgrenzung der Piraten aus der zivilen Gesellschaft deutlich wird. Entscheidend war in den meisten Fällen die Duldung durch die offiziellen Regierungsbeamten. Jean Le Vasseur und Bertrand d´Ogeron auf Tortuga, Thomas Modyford auf Jamaika oder Jacques Pouancay auf St. Domingue waren allesamt aktive Unterstützer der Bukanier und investierten teilweise selbst in deren Unternehmungen, während sie öffentlich die Aktivitäten der Piraten verurteilten.

Tortuga ist bis heute wohl die bekannteste Pirateninsel überhaupt. Es war der erste große Bukanierstützpunkt in der Karibik, nachdem die Schiffe von Kaperfahrern zuvor entweder unregelmäßig englische und französische Häfen anliefen oder sich eigenständig Stützpunkte suchten. Unter Jean Le Vasseur erlebte Tortuga ab 1642 seine Blütezeit als Piratenschlupfwinkel. Obwohl von der französischen Krone als Gouverneur installiert und somit staatlich legitimiert, begrenzte Le Vasseur die Kontakte zum Mutterland auf ein Minimum und stellte stattdessen freizügig Kaperbriefe aus, für die er im Gegenzug einen Prisenanteil forderte. Da sich Frankreich und Spanien zu dieser Zeit im Krieg miteinander befanden (1635-1659), die französische Flotte schwach war und der französischen Krone jede Form der Schädigung des Feindes recht war, wurden keine Anstrengungen unternommen, gegen Le Vasseur vorzugehen.[73] Der Gouverneur von Tortuga hatte eine starke Position und rüstete auch selbst viele Kaperunternehmungen aus. Exquemelin berichtet, dass der später berühmte Pirat

73 Vgl.: Neumann: Piratengesellschaften, S. 69.

L'Olonnais vom Gouverneur den Befehl über ein Schiff erhielt, nachdem er sich bei einigen Raubzügen aus Hispaniola hervorgetan hatte. L'Olonnais konnte dabei zwar seine Fähigkeiten als Anführer unter Beweis stellen, verfügte jedoch über keinerlei Erfahrung als Seemann.[74]

Als England 1655 Jamaika eroberte – defacto selbst ein Akt der Piraterie, weil zwischen den Ländern kein Krieg herrschte – wurde den Bukaniern eine Freistatt auf Port Royal eingerichtet. Da die Franzosen zu dieser Zeit englische Freibeuter von Tortuga vertrieben, füllte sich der Hafen schnell. Das puritanische England Oliver Cromwells befand sich in einer Art Dauerkonflikt mit Spanien und die Prisenanteile, die die Gouverneure von den Kapitänen erhielten, welche den Hafen ansteuerten, versprachen beachtliche Gewinne. Gleichzeitig wurden die Kaperfahrer verpflichtet, den Hafen gegen eventuelle spanische Rückeroberungsversuche zu schützen. Bukanier brachten so viel Gold und Silber nach Port Royal, dass Zeitgenossen behaupteten, der Geldumlauf wäre hier viel größer als im wesentlich bevölkerungsreichen London. Daher wurde sogar erwogen, in der Stadt eine eigene Münzstätte einzurichten. 1692 war Port Royal doppelt so groß wie New York. In diesem Jahr wurde der Hafen allerdings durch ein schweres Erdbeben und einen anschließenden Tsunami fast vollkommen zerstört. Schätzungsweise 2.000 Menschen starben durch die Katastrophe, weitere 2.000 durch die sich anschließend ausbreitenden Seuchen. Viele sahen hierin eine göttliche Strafe für das Sodom und Gomorrha der neuen Welt. Ein Priester, der einst in die Stadt kam, um eine Kirchgemeinde zu übernehmen, kehrte noch auf demselben Schiff zurück und schrieb, *„Da die Mehrheit der Bevölkerung aus Piraten, Mördern, Huren und den gemeinsten Menschen der Welt besteht, glaubte ich, daß mein Aufenthalt dort von keinem Nutzen sei."*[75] Auch Exquemelin beschreibt anschaulich, welche Narrenfreiheit einige der gefürchtetsten Bukanier in der Stadt genossen, etwa Roche Braziliano: *„[W]ann er besoffen und truncken war / lieff er durch alle Gassen der Stadt und dem ersten / der ihm entgegen kam / hieb er einen Arm oder ein Bein ab / worüber ihn doch niemand anders / dann mit guten Worten / straffen dorffte."*[76]

Zwar erholte sich Port Royal rasch und blieb einer der wichtigsten englischen Flottenstützpunkte in der Karibik, seine Bedeutung als Piratennest hatte die Hafenstadt jedoch für immer verloren.[77]

Tortuga hatte in dieser Zeit ebenfalls einen Großteil seiner Popularität eingebüßt. Ein großer Teil der französischen Bukaniere hatte sich inzwischen in Petit Goave niedergelassen, einem Hafen auf dem Festland von St. Domingue. Die französischen Siedler konzentrierten sich überwiegend auf den nördlichen Teil der Insel, während der Süden sich selbst überlassen wurde. Petit Goave lag an einem natürlichen Hafen und wurde ebenfalls durch ein Fort und eine Siedler- und Bukaniermiliz gesichert. Der französische Gouverneur der Kolonie, Jacques Pouancay, und später auch sein Nachfolger Pierre-Paul Tarin de Cussy förderten die Ansiedlung der Piraten durch die großzügige Verteilung von Kaperbriefen, um mit ihrer Hilfe die Insel vor spanischen Gegenangriffen zu schützen. Die mangelnde militärische Stärke der Kolonien, ungenügende Kontrolle durch die Mutterländer und das militärische Potential der Piraten schufen so auch hier die Gelegenheit zum Aufbau eines Stützpunktes. Tatsächlich starb de Cussy während einer spanischen Invasion 1691, als er sich mit einer kleinen Bukanierstreitmacht zur Schlacht stellte und geschlagen wurde. Sein Nachfolger Jean-Baptiste du Casse war bezeichnenderweise selbst ein ehemaliger Bukanier.[78]

Zu Beginn des 18. Jahrhunderts etablierte sich auf der Bahamainsel New Providence ein neuer Schlupfwinkel für Piraten. Bereits während des Spanischen Erbfolgekrieges operierten englische Freibeuter von hier aus, da sich die Inseln strategisch günstig nördlich der spanischen Handelsrouten befanden. 1715 – ein Jahr nach dem Ende des Krieges – geriet eine spanische Silberflotte vor der Ostküste Floridas in einen Hurricane und wurde fast vollständig vernichtet. Da die Gewässer in dieser Gegend sehr seicht waren und die meisten Silberschiffe in Küstennähe gesunken waren, schickten die Spanier mehrere Bergungsexpeditionen, um so viel wie möglich von ihren versenkten Schätzen zu retten. Johnson berichtet, dass die Spanier bereits mehrere Millionen Pesos geborgen hatten, als eine dieser Expeditionen von etwa 300 ehemaligen englischen Freibeutern aus Port Royal unter dem Kommando des Kapitäns Henry Jennings überfallen wurde. Jennings und seine Männer machten gute Beute. Die Spanier protestierten beim Gouverneur von Jamaika gegen diesen feindlichen Akt, da sich beide Länder im Frieden befanden. Der Gouverneur distanzierte sich daraufhin von Jennings, der sein Lager jedoch einfach nach Nassau verlegte, von wo er ohnehin einen besseren Zugriff auf die Suchgebiete hatte. Bereits wenige Monate später gelang es ihm, einen neuen erfolgreichen Überfall auf einen spanischen Suchtrupp zu starten und ermunterte damit andere zu ähnlichen Expeditionen. Tatsächlich betätigten sich viele Piraten aus Nassau in den darauffolgenden Jahren vorwiegend als Schatzsucher oder attackierten die spanischen Suchexpeditionen.

Der Hafen von Nassau fasste über 100, allerdings nur kleinere Schiffe, da er sehr flach war. Die Piraten, die von hier aus operierten, nutzten daher überwiegend einmastige Sloops und zweimastige Briggs und Brigantinen. Die Inselbewohner gewährten den Seeräubern gern Unterschlupf, förderten diese doch

74 Vgl.: Exquemelin: Die Americanische See-Räuber, S. 160.

75 Zit. nach Marx: Brüder der Küste, S. 52.

76 Zit.: Exquemelin: Die Americanische See-Räuber, S. 144-145.

77 Vgl. Bohn: Durch Raub zur Seemacht, S. 37; Neumann: Piratengesellschaften, S. 69.

78 Vgl.: Konstam: Scourge of the Seas, S. 65-66.

die heimische Wirtschaft. Es entstand eine riesige Stadt, die zum Großteil nur aus Zelten und primitiven Hüten bestand. Zunächst beschränkten die Piraten ihre Überfälle auf spanische und französische Schiffe, da es sich dabei um „natürliche" Feinde Englands handelte und sparten englische Kauffahrer aus, um die Krone nicht zu verärgern.

Schließlich riefen Thomas Barrow und Benjamin Hornigold sogar eine Piratenrepublik aus und verjagten die englischen Kronbeamten. Nassau erlebte eine kurze, aber intensive Blüte. Charles Vane, Calico Jack Rackham und Blackbeard ließen sich kurzzeitig in der Republik nieder. Die Piratenschiffe hatten die nordöstliche Karibik so sehr unter ihrer Gewalt, dass Handelsschiffe fast nur noch in von Kriegsschiffen gesicherten Konvois verkehrten. 1718 entsandte London den ehemaligen Kaperkapitän Woodes Rogers mit drei Kriegsschiffen und einer Bestallung als neuer Gouverneur der Insel. Rogers traf im Hafen von Nassau 200 Schiffe an. Mehr als 1.000 Piraten warteten an Land. Der neue Gouverneur verkündete eine vom König erlassene Generalamnestie. Bis zum 5. September 1718 schworen etliche Seeräuber ihrem alten Handwerk offiziell ab. Benjamin Hornigold wechselte die Seiten und schloss sich Rogers an. Gegen den Rest ging der neue Gouverneur mit allen Mittel vor. Charles Vane ließ eine seiner Prisen mit Schießpulver beladen und trieb sie als Brander mitten in den Hafen, wo sie mit lautem Donnerschlag explodierte. In dem anschließenden Chaos floh Vane. Innerhalb kurzer Zeit stellte Rogers die Regierungsgewalt wieder her und ging mit abschreckenden Massenhinrichtungen rigoros gegen Piraten vor. Ohne deren Beute versank Nassaus Hafen jedoch schnell in provinzieller Bedeutungslosigkeit.[79]

Eine Ausweichbasis entstand für viele karibische Piraten im ausgehenden 17. und beginnenden 18. Jahrhundert im Indischen Ozean auf der kleinen Insel St Mary´s Isle, nordöstlich von Madagaskar. Die Piraterie im Indischen Ozean hatte immer dann Konjunktur, wenn jene in der Karibik eine Krise durchwanderte. Sie erreichte jedoch nie deren Bedeutung, was zum Teil daran lag, dass die Indienroute von weniger, dafür aber größeren und besser bewaffneten Schiffen frequentierte wurde, als die Karibik. Um 1720 war St Mary´s Isle daher weitgehend verlassen, da die meisten Piraten weggezogen waren.

Auch abseits der großen Piratenstützpunkte scheinen Seeräuber immer wieder Unterstützung erhalten zu haben. Dies galt vor allem für die vielen kleinen und abgelegenen Küstensiedlungen an der amerikanischen Ostküste, die willige Abnehmer für die von Seeräubern geraubten Luxusgüter waren. Charles Johnson offeriert in seinem Buch ein Gerücht, das durchaus glaubhaft erscheint: *„Und es wurde heftig darüber spekuliert, dass Schiffe in den englischen Kolonien Proviant luden und vorgaben, an der Küste Afrikas Handel treiben zu wollen, während sie in Wahrheit den Piraten übergeben wurden; und obwohl ihnen einige Gewalt angedroht wurde, wenn man sie antreffen würde, konnten sie sicher sein, ihre Fracht auf einen guten Markt zu bringen."*[80] Obwohl Piraten vorsichtig sein mussten wenn sie Kriegsschiffen begegneten und in der Regel die große Häfen zu meiden hatten, so boten sich in den meisten abgelegenen Hafenorten, die nicht regelmäßig von großen Handelsschiffen angelaufen wurden, gute Möglichkeiten, die gemachte Beute abzusetzen. Zudem waren Piraten in diesen Orten auch willkommene Gäste, da sie nicht ausschließlich Plünderung und Zerstörung mit sich brachten, sondern ihr Geld in Alkohol und leichte Mädchen, aber auch Vorräte und Ersatzteile oder Reparaturarbeiten investierten. Johnson berichtet von der Bande des Piraten John Evans, die Ende 1722 ein Dorf auf Jamaika aufsuchte. *„Sie brachten daselbst das übrige von Tage zu, machten sich in einem Wirthshause lustig, und verzehrten drei Pistolen* [eine Münze, Anm. A.Q.] *darinnen. Der Wirth, welchem die Freygebigkeit dieses Volcks gefiel, bath, daß sie bald wieder kommen möchten."*[81] In diesem Fall hatte der Wirt jedoch wenig Freude über die Rückkehr seiner Gäste, denn sie kamen noch in derselben Nacht, um ihn komplett auszuplündern.

Mitunter war es aber auch schwierig, die Piraten überhaupt als solche zu erkennen. So berichtet Johnson, wie Henry Avery nach erfolgreichen Raubzügen im Indischen Ozean ans andere Ende der Welt segelte: *„Sie landeten damit in verschiedenen Orten in America an, ohne daß man den geringsten Verdacht von ihnen hatte, daß sie Seeräuber wären. Viele unter ihnen begaben sich zu Lande, und gingen einer hie der ander dorthin, nachdem sie ihren Antheil von der Beute, so viel ihnen Averus hat geben wollen / empfangen."*[82]

Kurz, die organisierte Kriminalität in Form der Piraterie war viel besser in das zivile Leben integriert, als dies oft dargestellt wird. Teilweise konkurrierten Gouverneure sogar um die Gunst erfolgreicher Piratenkapitäne. So boten in den 1680er-Jahren sowohl der englische Gouverneur von Jamaika, als auch der französische Gouverneur auf Hispaniola dem erfolgreichen Kapitän Laurens de Graaf an, auf ihren Inseln Zuflucht zu finden.[83]

Selbst die Spanier waren nicht nur Ziel von Piratenangriffen. Black Bart Roberts, der eine Art Privatfehde mit den Gouverneuren von Martinique und Barbados ausfocht, fand Unterschlupf auf Hispaniola. Hier wurde er sogar vom lokalen Gouverneur willkommen

79 Vgl.: Neumann: Piratengesellschaften, S. 70.

80 Vgl.: Johnson: A General History of the Pyrates, S. 239-240. Die Passage fehlt in der deutschen Übersetzung vollständig, vgl.: Johnson: Schauplatz Der Englischen See-Räuber, S. 390.

81 Zit.: Johnson: Schauplatz Der Englischen See-Räuber, S. 493.

82 Zit.: Johnson: Schauplatz Der Englischen See-Räuber, S. 84.

83 Vgl.: Marx: Brüder der Küste, S. 51.

Woodes Rogers (rechts) war selbst ein bekannter Kaperfahrer, bevor er als Gouverneur von Nassau ein gefürchteter Piratenjäger wurde. (William Hogarth, 1729)

geheißen, während seine Mannschaften gern gesehene Gäste in den Häfen waren, wo sie ihr erbeutetes Geld ausgaben.[84]

In England erkannte man die Bedeutung der eigenen Kolonien als Schlupfwinkel für Piraten. Daher erließ das Parlament 1721 ein Gesetz, das den Handel mit Piraten unter Strafe stellte. Damit wurden nun auch jene kriminalisiert, die den Piraten geraubte Güter abkauften oder sie selbst mit Waren, Waffen und Munition versorgten.[85] Diese Maßnahme griff und trug wahrscheinlich wesentlich mit dazu bei, das Piratenunwesen Mitte der 1720er-Jahre in den Griff zu bekommen, da das Gesetz Piraten stärker als bisher von der übrigen Gesellschaft isolierte. Die wachsende staatliche Durchdringung der Kolonien und die Reduktion der teilweise semiautonomen Gewalt lokaler Gouverneure, raubte den Piraten ihre Rückzugsorte und trug somit vermutlich wesentlich effektiver zu ihrer Bekämpfung bei, als erfolgreiche und spektakuläre Verfolgungsaktionen auf hoher See.

84 Vgl. Suthren: Black Flag of the North, S. 120.

85 Vgl.: Starkey/Payne: "Beide vom gleichen Schlag?", S. 29.

KLEIDUNG

Wenn Piraten tatsächlich in irgendeiner Form als „Sozialrebellen" auftraten, dann im Bereich der Mode. Nirgendwo scheint sich das öffentliche Bild vom Piraten so sehr mit der Realität zu decken, wie bei der Vorstellung vom Mann in farbenfroher Kleidung mit goldenen Ohrringen, bunten Kopftüchern, weiten Hüten, breiten Schärpen, behangen mit Säbeln, Messern und mehreren Pistolen. Im Europa der Frühen Neuzeit war Kleidung streng reglementiert. Kleiderordnungen schrieben nicht nur vor, was für Mann und Frau schicklich, sondern auch, was für die verschiedenen Stände zulässig war. Solche Ordnungen wurden dabei nicht nur von Kirche und Adel gefordert, um sich vom bäuerlich-bürgerlichen Stand abzugrenzen. Sie wurden auch in den demokratischeren Stadtgemeinschaften zuhauf erlassen, um die einzelnen Zünfte und Schichtungen des Bürgertums klar zu unterscheiden. Die Aneignung farbiger Kleidung, die Zurschaustellung der Waffen, welches in den meisten Ländern ein Vorrecht des Adels war, diente sicherlich auch dazu, zu zeigen, dass Piraten diese modisch-hierarchischen Grenzen niederrissen. Black Bart Roberts wird von Johnson als eitler Modeliebhaber geschildert: *„Stolz und Pracht liebte er gar sehr, so gar, daß er auch am Tage dieses Gefechts* [als er starb, Anm. A.Q.] *ein Kleid von Karmasin Rothen Damast mit güldenen Blumen, mit einer rothen Feder auf dem Huth, hatte. Um den Hals hatte er eine güldene Kette, mit einem Diamantenem Kreutz, und mit diesem gab ihm eine seidene Scherpe mit Pistolen besteckt und der Sebel in der Faust ein so wol erschreckliches, als Majestätisches Ansehen.*"[86]

Kleidung war in der Frühen Neuzeit ein wertvolles Gut und wurde so lange wie möglich getragen. Sie stellte daher auch ein wichtiges Beutegut dar. So beschreibt Johnson die erste Beute von Stede Bonnet: *„Seine erste Unternehmung war gegen das Vorgebürge von Virginien gerichtet, woselbst er viele Schiffe nahm und daraus die Provision, Kleidung, Geld, Munition u.d. raubte* [...]"[87]

Tote wurden nicht selten sämtlicher Kleidungsstücke beraubt, da diese nach wie vor einen Wert darstellten. Als 1669 das Flaggschiff Henry Morgans aufgrund einer Unachtsamkeit in Brand geriet und explodierte, *„fischten die Engländer alle todte Leichname / die allda lagen und trieben / auf / nicht zwar der Meinung / sie / nach ihrer Schuldigkeit / zu begraben / sondern ihre Kleider und guldne Ringe / die sie an den Fingern trugen / ihnen abzunehmen: Dann sobald sie einen todten Leichnam hatten / rissen sie ihm die Kleider vom Halse / rissen die Finger / an welchen Ringe stacken / ab / und liessen sie dergestalt wieder treiben / den Fischen zur Speise.*"[88]

Ähnlich wie mit ihrer üblichen Beute gingen Piraten wohl aber auch mit ihrer Kleidung nicht sehr sorgsam um und wenn kein Ersatz greifbar war, war ihr Erscheinungsbild sehr abgerissen. So heißt es über eine Gruppe von Morgans Bukaniern im Dschungel Panamas 1670, dass sie im Regen froren, *„weil sie übel bekleidet* [...] *dann sie mehr nicht als ein Hemd und ein Paar Hößlein anhatten / ohne Schuhe und Strümpffe.*"[89] An einer anderen Stelle beschreibt Exquemelin eine Gruppe von Schiffbrüchigen, die Röcke aus Leinen getragen haben.[90] Diese waren vermutlich in der Karibik weit verbreitet, da sie bei warmen Temperaturen angenehmer zu tragen waren, als Wollröcke. Auch die Mitglieder einer Gruppe französischer Piraten die 1673 bei einem Angriff auf das spanische Curacao in Gefangenschaft gerieten, besaßen nichts mehr am Leib *„als ein Hemd und ein leinerner Rock"*.[91]

Blackbeard in voller Bewaffnung.
Rechts im Hintergrund die Queen Annes Revenge (Stich aus Charles Johnsons A General History of the Robberies and Murders of the most notorious Pyrates)

Allgemein bestand die Grundausstattung eines einfachen Matrosen, die sich kaum von seinem zivilen Pendant in der Handelsschifffahrt unterschied, aus weiten, knielangen Hosen, Leinen- oder Baumwollhemden, einem Halstuch und einem Hut. Auf Landgang oder bei kaltem Wetter wurden die beschriebenen Röcke getragen, die jedoch kürzer waren, als die bei Adel und Bürgertum üblichen Surtouts und Livree-

86 Zit.: Johnson: Schauplatz Der Englischen See-Räuber, S. 415-416.
87 Zit.: Johnson: Schauplatz Der Englischen See-Räuber, S. 165.
88 Zit.: Exquemelin: Die Americanische See-Räuber, S. 298.
89 Zit.: Exquemelin: Die Americanische See-Räuber, S. 377.
90 Vgl.: Exquemelin: Die Americanische See-Räuber, S. 508.
91 Zit.: Exquemelin: Die Americanische See-Räuber, S. 508.

Französischer Flibustier, spätes 17. Jahrhundert.
Er ist bereits mit einer modernen Steinschlossmuskete bewaffnet und trägt seine Patronentasche am Leibriemen vor dem Bauch. Die Darstellung beruht auf einer Skizze von Paul Cornuau.

röcke. Einige Berichte erwähnen, dass diese Jacken in Wachs getränkt oder gar geteert wurden, um sie wasserabweisend zu machen.[92]

Wie begehrt Ersatzkleidung teilweise sein konnte, offenbart ein bei Johnson zitierter Brief eines Kapitäns, dessen Schiff von Piraten unter Kapitän Edward England gekapert wurde. Er wurde später freigelassen und erhielt eines der weniger seetüchtigen Schiffe der Piraten, welches diese eigentlich hatten verbrennen wollen: *„Sie gaben mir noch dazu 129. Ballen Tuch, so der Compagnie gehörete, doch wollten sie mir keineswegs meine Kleider wieder geben."*[93] Für die Tuchballen bestand offensichtlich nach der Aufgabe des Schiffes keine Ladekapazität mehr.

Eine weitere fantasievolle Darstellung von Blackbeard mit Enterszene im Hintergrund.
Man beachte den kurzen Säbel mit breiter Klinge, der als Waffe auf Kriegs- und Piratenschiffend er Zeit bereits sehr beliebt war, bei den Landarmeen in Westeuropa dagegen nahezu unbekannt.
(Stich aus Charles Johnsons A General History of the Robberies and Murders of the most notorious Pyrates)

Die weiten Reisen einzelner Schiffe führte Piraten innerhalb kurzer Zeit in sehr unterschiedliche Klimazonen, von der heißen tropischen Karibik, zu den eisgepeitschten Gewässern Neufundlands oder zum stürmischen Kap Horn. Nicht immer, waren sie auf solche Fahrten vorbereitet, wie Woodes Rogers in seinem Tagebuch berichtet: „[...] *nun begannen wir die Länge unserer Reise abzuschätzen, die unterschiedlichen Klimate, die wir passieren mussten und die exzessive Kälte, die wir bei der Umrundung von Kap Horn nicht vermeiden konnten; dabei besaßen wir gleichzeitig nur einen mageren Vorrat Brandwein und unsere Männer waren schlecht gekleidet, doch guter Brandwein ist für Seeleute besser, als Kleidung.*"[94]

Ganz anders, als die farbenfrohen Gestalten des späten 17. und frühen 18. Jahrhunderts sahen vermutlich die frühen Jagdgesellschaften der Bukanier aus, die sich in grobgewebte Leinenhemden und schlecht gegerbte Lederkluft kleideten. Wahrscheinlich unterschieden sich manche von ihnen nur wenig von jenem bekannten ausgesetzten Piraten Alexander Selkirk, den Woodes Rogers auf seiner Expedition 1709 fand und dessen Beschreibung Daniel Defoe zu seinem Robinson Crusoe inspirierte: *„Als seine Kleider verschlissen waren, machte er sich selbst einen Rock und eine Kappe aus Ziegenfell, die er mit kleinen ebenfalls daraus gefertigten Riemen zusammennähte, die er mit seinem Messer ausschnitt. Er hatte keine andere Nadel, als einen Nagel; und als sein Messer abgestumpft war, machte er so gut es ging neue aus eisernen Ringen, die am Strand zurückgeblieben waren, die er flach schlug und auf Steinen wätzte. Da er etwas Leinen bei sich hatte, nähte er sich selbst Hemden mit einem Nagel und vernähte sie mit dem Kammgarn seiner alten Strümpfe, die er zu diesem Zweck auftrennte. Er trug sein letztes Hemd, als wir ihn auf diesem Land fanden.*" Das Leinen war Selkirk vermutlich von seiner Mannschaft gegeben worden, die lose Ballen mit sich führte, damit die Männer sich auf der Fahrt von Zeit zu Zeit neue Hemden anfertigen konnten.

Letztendlich bringt die Kleidung den bunten Charakter von Piratengemeinschaften am besten zum Ausdruck, da sie bestehende Standesschranken bedenkenlos niederrissen, zumindest, so lange sie sich innerhalb ihrer eigenen Welt bewegten. Steuerten sie fremde Häfen an, mussten und konnten sich Piraten den dortigen Normen jedoch freiwillig wieder unterwerfen, um unerkannt Unterschlupf zu finden. Beispielsweise heißt es von Howell Davis, er *„begab sich hierauf nach der Insel del Principe, so denen Portugiesen gehöret. Wie er alda angekommen, steckte er die Englische Fahne auf, und that den Portugiesen zu wissen, welche eine Chaloupe, um Kundschafft von ihm einzuziehen, abgeschickt hatten, daß er ein englisches Kriegsschiff commandire* [...] *Auf diese Nachricht erwiesen ihm die Portugiesen tausend Höflichkeiten.*"[95] Das Fehlen von Uniformen in der Royal Navy und anderen Kriegsmarinen dieser Zeit, erleichterte Davis seinen Trick. Allerdings wurden die Piraten wenig später doch noch entlarvt und Davis in einem Gefecht getötet.

92 Vgl.: Konstam: Scourge of the Seas, S. 31.
93 Zit.: Johnson: Schauplatz Der Englischen See-Räuber, S. 230.
94 Zit.: Rogers: Life Aboard a British Privateer, S. 16.
95 Zit.: Johnson: Schauplatz Der Englischen See-Räuber, S. 357-358.

Blackbeard
Der wohle berühmteste Pirat des Goldenen Zeitalters trägt einen prächtigen roten Rock und ist mit mehreren Pistolen bewaffnet, was sich zeitgenössischen Beschreibungen entnehmen lässt.

WAFFEN

Anders als viele populäre Darstellungen zeigen, gingen Piraten keineswegs liederlich mit ihren Waffen um. Die Pflege von Waffen bildete mitunter einen wichtigen Punkt in den Piratenordnungen. So heißt es in der Ordnung des Kapitäns John Phillips: „*Derjenige / welcher sei Gewehr nicht sauber noch zum Streite bereit hält / oder sonsten in seinen Verrichtungen sich säumig finden lässet, soll seines Antheils an der Beute verlustig seyn / und dazu nach Gutbefinden des Capitains und der Compagnie bestraffet werden.*“ [96]

Die feuchte, salzhaltige Meeresluft forderte eine regelmäßige Pflege, sowohl der stählernen Blankwaffen, als auch der Rohre und Schlösser von Feuerwaffen. Exquemelin schildert eine Episode aus Henry Morgans Panamafeldzug. Nachdem die Bukanier mehrere Tage im Regen durch den Dschungel gezogen waren, bezogen sie ein Lager. „*Des folgenden Morgens mit anbrechendem Tage / begunte der Regen innen zu halten und die Räuber ihr Gewehr zu butzen / weil es durch den Regen in einen schlechten Stand gerathen / zumalen es meisten Theil naß worden war.*“ [97] Es blieb demnach nicht bei Paragrafen in Piratenordnungen.

Feuchtigkeit, sowohl auf See, als auch im tropischen Klima der mittelamerikanischen Dschungellandschaften, erschwerte darüber hinaus den Einsatz von Papierpatronen, die im letzten Drittel des Jahrhunderts in Europa aufkamen, aber sehr anfällig waren, da Papier und Pulver die Feuchtigkeit aufsogen.

Die Bewaffnung von Piratenmannschaften konnte sehr unterschiedlich ausfallen. Bei ärmeren oder aus der Not (etwa im Zuge einer Meuterei) zusammengestellten Mannschaften konnten Waffen durchaus noch eine Mangelware sein. Gut ausgerüstete Crews verfügten allerdings über ausreichend Blank- und Feuerwaffen für ihre Einsätze. Beispielsweise schildert Exquemelin den Angriff Peter de Groots auf eine Spanische Galeone im Jahr 1602: „*...keiner hatte ein ander Gewehr/ als in der Hand ein Pystol / und in der andern einen guten Säbel.*“ [98] Über die Mannschaft des L'Olonnais, die 1667 Gibraltar angriff, schrieb er: „[S]*ie waren 380. Mann stark / und jedweder versehen mit einem guten Rohr / und Patron=Taschen auf der Seiten / darinnen 30. Schüsse Pulver waren zu demselben / darneben auch ein oder zwey Pistole und einen guten Säbel.*“ [99]

Waffen waren zudem kein Gemeinschaftsgut, sondern gehörten dem einzelnen Piraten persönlich. Exquemelin berichtet, wie Henry Morgan eine Kompanie seiner Bukanier während eines Feldzuges in einer spanischen Ortschaft einquartierte, wo „*das Gewehr der ganzen Compagnie wol drinnen in acht zu nehmen / damit jedeweder zur Zeit der Noth sein eigen Gewehr möchte wieder bekommen.*“ [100] Gewehr bezeichnet in diesem Zusammenhang nicht allein eine langrohrige Feuerwaffe, sondern jegliche Waffen, also auch Degen.

Handfeuerwaffen

Wie schwer Piratenschiffe bewaffnet sein konnten, zeigte sich Forschern am Wrack der *Queen Anne's Revenge* von der bisher über 250.000 Bleikugeln geborgen wurden. [101] Handfeuerwaffen spielten im Seekrieg bereits eine große Rolle. Die frühen Bukaniere waren geübte Scharfschützen und nutzten ihre langen Musketen, um die Steuermänner angegriffener Schiffe zu töten. Exquemelin schildert: „*Sie brauchen guth Gewehr / als Röhre und Pistohlen; ihre Röhre sind insgemein vier oder fünfthalb Schuch lang / und schiessen eine Kugel / deren 16. aufs Pfund gehe. Sie gebrauchen auch Patronen / und haben eine Patrontaschen / da allzeit 30. Schüsse innen sind.*“ [102] Der Umgang mit frühneuzeitlichen Schusswaffen war alles andere als einfach, besonders auf See, wenn die Scharfschützen in den Masten das Schlingern eines Schiffes ausgleichen mussten. Die Bukanier übten sich daher regelmäßig im Umgang mit ihren Waffen. „*Der Seerauber Ubung und Verrichtung ist nach dem Ziele schiessen / und ihr Gewehr sauber halten*“, [103] schreibt Exquemelin.

Bei den langen Musketen der Bukanier handelte es sich überwiegend um Gewehre mit Luntenschlosszündung. Zwar gehörte Spanien zur führenden Nation bezüglich der Entwicklung von Stein- und Schnapphahnschlössern, doch wurden die dort gebauten Waffen eher selten in die Karibik transportiert. Für den Einsatz auf See boten sie jedoch etliche Vorteile, denn der Umgang mit der brennenden Lunte war bereits an Land umständlich, erschwerte den Umgang mit Musketen auf See jedoch ungemein. In Port Royal ließen sich in der zweiten Hälfte des 17. Jahrhunderts mehrere Waffenschmiede nieder, die importierte oder erbeutete Steinschlosswaffen verkauften oder alte Luntenschlossmusketen aptierten. [104] Exquemelin schildert zudem eine Episode, die sich während Henry Morgans Panama-Expedition abgespielt hatte, bei welcher dieser dem Gouverneur der spanischen Stadt eine Muskete französischer Fabrikation präsentierte: „*Der Praesident von Panama sich verwunderend / daß 400. Mann / mit bloßen Hand=Gewehr / solche starcke Kasteele erobert / da doch es denen von innen an keinem Muthe gemangelt habe / sandte einen Mann zu Morgan, und ersuchte ihn das Gewehr / womit er solche Gewalt thun könnte / sehen zu las-*

96 Zit.: Johnson: Schauplatz Der Englischen See-Räuber, S. 505.
97 Zit.: Exquemelin: Die Americanische See-Räuber, S. 377.
98 Zit.: Exquemelin: Die Americanische See-Räuber, S. 112-113.
99 Zit.: Exquemelin: Die Americanische See-Räuber, S. 191.
100 Zit.: Exquemelin: Die Americanische See-Räuber, S. 420.
101 Vgl.: Wilde-Ramsing/Carnes-McNaughton: Blackbeard's Sunken Prize, S. 119.
102 Zit.: Exquemelin: Die Americanische See-Räuber, S. 130.
103 Zit.: Exquemelin: Die Americanische See-Räuber, S. 130.
104 Vgl.: Konstam: Scourge of the Seas, S. 37.

sen, Morgan empfing den Gesandten vom Praesidenten sehr freundlich / gab ihm ein Französisch Rohr mit / von vier einen halben Schuch lang am Lauffe / das eine Kugel schoß / der er 16. aufs Pfund gehen / nebst einer Patrontasche / die er aus Franckreich hatte / und sehr nett gemacht war / mit 30. Schüssen Pulver / unn befahl ihm / seinem Herrn zu sagen / daß er ihm dieses Rohr verehrte / und über ein oder zwey Jahr nach Panama kommen und es wieder holen werde." [105] Zum wiederholten Mal erwähnt Exquemelin Patronentaschen, die in der zweiten Hälfte des 17. Jahrhunderts in den meisten europäischen Armeen die alten Bandoliers mit Pulverkapseln ablösten und vermutlich im tropischen Klima besser geeignet waren, das Pulver vor Feuchtigkeit zu schützen.

Die Ausstattung mit Feuerwaffen fiel recht unterschiedlich aus. Musketen oder Pistolen waren teuer und mussten größtenteils in die neue Welt importiert werden, da nur wenige lokale Produktionsstätten in der Lage waren, diese selbst anzufertigen. Doch für seinen Angriff auf Vera Cruz 1683 befahl der Chevalier de Grammont seinen französischen Filibustern, so viele Feuerwaffen wie möglich, mit sich zu führen. Angeblich kamen auf einen Mann bis zu drei Musketen oder Pistolen. [106]

Im 18. Jahrhundert setzten sich dann auch an Bord von Piratenschiffen Feuerwaffen mit Steinschlosszündung durch, wie unter anderem Funde an Bord der *Queen Anne's Revenge* belegen. So ließen sich einzelne Teile einer französischen Marinemuskete, einer französischen Grenadiermuskete Modell 1716 und einer englischen „Trade Musket" zuordnen, die vor allem für den nordamerikanischen Markt bestimmt waren und unter anderem als Handelsware für Indianer genutzt wurden. Neben den Musketenteilen, wurden auch 27 Feuersteine geborgen. [107]

Blankwaffen

Als Nahkampfwaffen nutzten Piraten entweder wuchtige Beile oder Entermesser. Viele Waffen konnten auch für weniger martialische Tätigkeiten genutzt werden. Zimmermannsbeile oder Macheten waren eigentlich nicht für kriegerische Einsätze entwickelt worden, konnten aber auch im Kampf eingesetzt werden. Entermesser und Macheten waren sich generell sehr ähnlich, da beide kurze, dafür breite Klingen besaßen. Für den Enterkampf war dies von Vorteil, um sich nicht bei weiten Ausholbewegungen im Tauwerk zu verheddern. Lange, schmale, spanische Rapiere, wie sie die Helden von „Swashbuckler"-Filmen so gern nutzten, waren weder auf See, noch im Dschungel von Vorteil. [108] Beile und Messer waren zudem begehrte Tauschobjekte im Handel mit Indianern.

105 Zit.: Exquemelin: Die Americanische See-Räuber, S. 290-291.

106 Vgl.: Konstam: Scourge of the Seas, S. 40.

107 Vgl.: Wilde-Ramsing/Carnes-McNaughton: Blackbeard's Sunken Prize, S. 116-118.

108 Vgl.: Konstam: Scourge of the Seas, S. 37-39.

Howell Davies, der Lehrmeister von Black Bart. Auch er trägt eines der typischen, kurzen, geschwungenen Entermesser.
(Stich aus Charles Johnsons A General History of the Robberies and Murders of the most notorious Pyrates).

Eine weitere, weit verbreitete Waffe waren Enterpiken. Anders als im Landkrieg verwendete Piken waren diese nur etwa zwei Meter lang, um mehr Bewegungsfreiheit im Tauwerk zu haben. Pikeniere sollten entweder feindliche Entertrupps abwehren oder bildeten beim Angriff selbst eine zweite Welle. Mitunter schützten sich Schiffe durch das Aufziehen von Enternetzen, die ein Übersetzen der Entertrupps erschweren sollten. Während sich die Angreifer mit Äxten und Entermessern durch die Netze arbeiteten, stachen die Verteidiger mit ihren Piken nach ihnen. Auf der *Whydah* wurden Reste solcher Enterpiken gefunden. [109]

Eine andere beliebte Nahkampfwaffe waren die sogenannten „Krähenfüße", kleine stählerne Dornentetraeder, deren eine Spitze immer nach oben zeigte und die somit eine Gefahr für die meist nackten Füße von Seeleuten darstellten. Ihr Einsatz ist dabei nicht ganz klar. Viele Darstellungen schildern, dass die Krähenfüße von Piraten vor dem Entern eines Schiffes auf die gegnerischen Decks geschleudert worden seien. Doch dies hätte das Entern auch für die Piraten erschwert. Denkbar erscheint es daher, dass Krähenfüße eher defensiv genutzt wurden, um einen kleineren Bereich auf Deck abzugrenzen, die Angriffswucht einer enternden Mannschaft zu verringern und diese dann mit Piken oder Schusswaffen zu bekämpfen.

Auch Handgranaten, mit Pulver gefüllte Hohlkugeln, fanden sowohl im Enter- als auch im Landkampf Verwendung. Exquemelin berichtet, wie eine Abteilung Bukanier des Piraten L'Olonnais 1668 in Mittel-

109 Vgl.: Clifford/Perry: Das Piratenschiff, S. 320.

amerika eine Abteilung Spanier im Dschungel angriff *„Fielen sie darauf an mit Röhren und Handgranaten / und thaten den Spaniern grossen Schaden.“* [110] Johnson erwähnt auch, dass Blackbeards Mannschaft zur Abwehr von Leutnant Maynards Mannschaft viele Granaten verwendet habe. *„Es bestunden dieselbe in gewissen mit Pulver angefüllten Bouteillen* [Flaschen], *worinnen zugleich Stücke von Eysen, Bley und anderen Ingredientien waren, welche in ein Fahrzeug geworfen, unbeschreiblichen Schaden anrichteten, und die Mannschaft in äußerste Confusion brachten.“* [111]

Geschütze

Piratenschiffe verfügten über eine vergleichsweise hohe Anzahl von Geschützen, die vor allem dazu eingesetzt werden sollten, den Gegner einzuschüchtern. Sie waren von mehrheitlich kleinem Kaliber und kaum dazu geeignet Schiffe zu versenken, was ja auch nicht das Ziel von Piratenangriffen darstellte. Bei den 27 im Wrack der *Whydah* gefundenen Geschützen handelt es sich um Drei-, Vier- und Sechspfünder. [112] Von Black Barts Roberts *Royal Fortune* ist bekannt, dass sie mit Acht- und Zwölfpfündern ausgestattet gewesen ist. Da Piraten ihre Schiffe oftmals umbauten und die Zahl der Geschütze aufstockten, konnte sich deren Kaliber erheblich unterscheiden. Dieses Problem wurde noch dadurch verschärft, dass sich das englische, spanische, französische oder niederländische Pfund stark voneinander unterschieden und das exakte Kaliber selbst auf nationaler Ebene von der Gießerei abhängig war. Somit war es möglich, dass beispielsweise drei Sechspfünder drei ganz unterschiedliche Kugelgrößen verschossen. Piraten versuchten im Laufe der Zeit zwar, Kaliber zu vereinheitlichen, aber in nicht wenigen Fällen wurde wohl auch stark unterkalibrige Munition verwendet.

Neben den auf vierrädrigen Seelafetten montierten Geschützen, nutzten Kriegs- und Handelsschiffe dieser Zeit kleinere auf drehbaren zapfen-montierte Rohre, sogenannte Drehbassen, die auf kurze Distanz Kartätschladungen verfeuerten. Diese konnten entweder auf der Reling oder in den Marsen montiert werden. Auf der *Queen Anne´s Revenge* wurden einige solcher kleinen Einpfünder gefunden, darunter mehrere schwedischer Herkunft. [113] Zwei dieser Drehbassen waren Hinterlader, bei denen eine vorbereitete Munitionskammer mit Treibladung und Geschoss am Ende des Rohres eingesetzt werden konnte. [114] Ähnliche Geschütze wurden im Wrack der *Whydah* gefunden. [115]

Während Geschütze im 17. Jahrhundert überwiegend aus Bronze gegossen wurden, führten verbesserte Verfahren gegen Ende des Jahrhunderts dazu, dass diese mehr und mehr aus dem haltbareren Gusseisen hergestellt worden waren. So stammen die von der *Queen Anne´s Revenge* geborgenen Kanonen überwiegend aus Frankreich und sind aus Gusseisen.

110 Zit.: Exquemelin: Die Americanische See-Räuber, S. 212.

111 Zit.: Johnson: Schauplatz Der Englischen See-Räuber, S. 149.

112 Vgl.: Clifford/Perry: Das Piratenschiff, S. 304.

113 Vgl.: Wilde-Ramsing/Carnes-McNaughton: Blackbeard´s Sunken Prize, S. 107.

114 Vgl.: Wilde-Ramsing/Carnes-McNaughton: Blackbeard´s Sunken Prize, S. 109.

115 Vgl.: Clifford/Perry: Das Piratenschiff, S. 361.

Die Schiffe des Piratenkapitäns Conelis Daniels, 1629.
Im Vordergrund zwei hochbordige Galeonen, links eine Fleute, erkennbar am gerundeten Heck.
(Adriaen Pietersz van de Venne 1619)

SCHIFFE

Piratenschiffe waren in den seltensten Fällen eigens gebaute Kriegsschiffe, wobei die Grenzen zwischen ziviler und militärischer Nutzung im 17. und frühen 18. Jahrhundert noch nicht so klar gezogen waren wie heute. Selbst die Flotten der großen Seemächte nutzten bis in die zweite Hälfte des 17. Jahrhunderts umgebaute Handelsschiffe für ihre Zwecke. Erst während der englisch-holländischen Seekriege (1652-1654; 1665-1667; 1672-1674) bauten England, die Niederlande und auch Frankreich Marinen mit eigens dafür gebauten Linienschiffen und Fregatten auf. Karibische Piraten nutzten jedoch überwiegend kleine, einmastige Schiffe, sogenannte Sloops oder Galioten und sie bevorzugten schnelle Sklavenschiffe, die durch die Armierung mit zusätzlichen Geschützen für ihre Zwecke aufgerüstet wurden. Größere Schiffe waren meist ehemalige Handelsschiffe und entsprechend langsamer. An diesen waren stärkere Umbaumaßnahmen notwendig, indem zum Beispiel die hohen Vorder- und Achterkastelle verkleinert und Schoten entfernt wurden, um durchgehende Batteriedecks zu erhalten. Charles Johnson beschreibt in seiner „Geschichte der Piraterie“ anschaulich den Umbau der letzten *Royal Fortune* von Black Bart Roberts: *„Die Piraten behielten die „Onslow“ zum eigenen Gebrauch und gaben Captain Gee* [dem Kapitän des gekaperten Schiffes, Anm. A.Q.] *das französische Schiff* [die ehemalige *Royal Fortune*, Anm. A.Q.] *und begannen dann entsprechende Änderungen vorzunehmen, um sie als Seeräuber tauglich zu machen, indem sie ihre Schotten niederrissen und flach machten, so dass sie in jeder Hinsicht ein derart geeignetes Schiff für ihre Zwecke wurde, als man es nur finden konnte, sie behielten den Namen „Royal Fortune“ bei und bestückten sie mit 40 Kanonen.“* [116] Bei Bedarf konnte

116 Zit.: Johnson: A General History of the Pyrates, S. 255. Die deutsche

jedoch letztlich jede Art von Schiff entsprechend umfunktioniert werden. William Dampier beschreibt, wie er und andere unzufriedene englische Freibeuter sich während einer Expedition von einer französischen Crew trennen und eine Prise der Flottille entsprechend umrüsten wollten: „*Wir kamen über Land von der Südsee und waren es leid, unter den Franzosen zu leben, weswegen wir Captain Wright baten, das Prisenschiff, die Tartane, auszurüsten und aus ihr ein Kriegsschiff für uns zu machen.*“ [117]

Drei Faktoren bestimmten die Auswahl von Piratenschiffen: Schnelligkeit, Tiefgang und Bewaffnung. Letztere spielte meist eine nur nachgeordnete Rolle, da Piraten nicht unbedingt auf lange Seegefechte aus waren, sondern ihre Feinde überraschen und entern wollten. Hierfür war Geschwindigkeit entscheidend. Diese hing vom Verhältnis der Segelfläche zur Wasserverdrängung ab. Je größer die Segelfläche, desto größer der Geschwindigkeitsvorteil. Die karibischen Sloops (Schaluppen) wiesen eine vergleichsweise große Segelfläche bei geringer Wasserverdrängung auf, was ihre Popularität unter den Piraten erklärt. Auch Sklavenschiffe oder Fregatten waren ähnlich günstig konstruiert, während viele Handelsschiffe eher Wert auf einen stabilen Rumpf und eine, von wenigen Männern leicht zu bedienende Takelage Wert legten, was sich negativ auf dieses Verhältnis auswirkte. [118]

Kleinere Schiffe boten noch einen weiteren Vorteil. Geschwindigkeit hing maßgeblich von der Sauberkeit des Rumpfes ab. Doch erst im ausgehenden 18. Jahrhundert wurden Schiffsrümpfe mit Kupferplatten beschlagen, um sie vor Muschelbewuchs und Bohrwürmern zu schützen. Im 17. und frühen 18. Jahrhundert mussten Schiffe, gerade in den warmen tropischen Gewässern, die den Bewuchs förderten und in denen sich der Schiffsbohrwurm zu Hause fühlte, teilweise mehrmals im Jahr gereinigt werden. Die Spanier gingen davon aus, dass ein Schiff, welches regelmäßig die karibischen Gewässer befuhr, nach etwa zehn Jahren unbrauchbar war. Die stärkste, von Bartholomew Roberts vielen *Royal Fortune* getauften Schiffen, war ein ehemaliges französisches Kriegsschiff mit 42 Kanonen, das er jedoch für das Handelsschiff *Onslow* tauschte, vermutlich, da sein Rumpf bereits von Bohrwürmern zerfressen war.

Als außerhalb der Gesellschaft stehende Gruppen, konnten Piraten für die aufwendigen Säuberungsarbeiten keine Docks aufsuchen, sondern mussten ihre Schiffe in geschützten Buchten auf den Strand ziehen und reinigen (kalfatern). Die kaum überschaubaren Inseln der Kleinen Antillen boten dafür genügend Verstecke, dennoch dauerten diese Arbeiten bei Schaluppen bereits mindestens eine Woche, bei großen Schiffen bedeutend länger. In dieser Zeit waren Piraten möglichen Verfolgern fast hilflos ausgesetzt, auch wenn sie die Geschütze ihrer Schiffe als Küstenbatterien installierten. [119] Auch die mittelamerikanischen Indianer stellten mitunter eine Bedrohung dar. Woodes Rogers berichtet, wie er während einer Kaperfahrt 1709 seine Schiffe in Mittelamerika kalfatern musste: „*Die hiesigen Indianer waren jedoch zunächst eher bereit zu kämpfen, als zu handeln, daher mussten wir, während wir das Schiff kalfaterten, stets die halbe Mannschaft unter Waffen halten.*“ [120] Auch William Dampier berichtet von mehreren Fällen, in denen Freibeutermannschaften, die ihre Schiffe kalfatern ließen, von Indianern angegriffen wurden.

Noch größere Gefahren drohten den Schiffen auf See. Die Hurricane Saison legte den Handel in der Karibik mehrere Monate im Jahr lahm und dennoch fielen ihr immer wieder ganze Flotten zum Opfer. Die berühmte *Whydah Galley* wurde ebenso Opfer eines solchen Sturms, wie das Flaggschiff des Piraten Michel de Grammont, welches 1686 nach einem Hurricane spurlos verschwunden blieb.

In welchem Verhältnis Dreimaster und kleinere Schiffe genutzt wurden, ist unmöglich zu ermitteln, da piratische Aktivitäten nicht statistisch erfasst wurden. Einen Vergleich bieten aber die Einsätze von Kaperfahrern. So waren 45 Prozent der zwischen 1625 und 1630 gegen Frankreich und Spanien eingesetzten englischen Kaperschiffe kleiner als 100 Tonnen, während Schiffe über 300 Tonnen nur etwa zehn Prozent ausmachten. Entscheidend waren Geschwindigkeit und Besatzungsstärke. So trug die 20 t große *Black Bess* aus London immerhin 25 Mann Besatzung und die 60 t große *Hopewell* aus Weymouth 80 Mann. [121] Auch diese kleinen Schiffe wurden entsprechend umgerüstet. Johnson berichtet von einem Kapitän Martel, der bei Kuba eine 20-Kanonen-Schaluppe erbeutete: „*Als er nun das Schiff zu seinem Gebrauch bereitet, besetzte er solches mit 22. Canons und 100. Mann.*“ [122]

Nicht wenige Piratenschiffe waren zuvor Sklaventransporter gewesen. Sklavenhändler bevorzugten schnelle Schiffe, da ihre menschliche Fracht unter miserabelsten Bedingungen untergebracht war und lange Überfahrten die Überlebenschancen und somit die Gewinnmöglichkeiten reduzierten. Ihre Schnelligkeit machte die Schiffe aber auch für Piraten attraktiv. Das prominenteste Beispiel liefert sicherlich die *Queen Anne´s Revenge*.

Fassung weicht erheblich hiervon ab und beschreibt lediglich den Tausch der Schiffe, nicht jedoch die Umbaumaßnahmen, vgl.: Johnson: Schauplatz Der Englischen See-Räuber, S. 402-403.

117 Zit.: Dampier: A New Voyage round the World, S. 30.

118 Vgl.: Konstam: The Pirate Ship, S. 6-7.

119 Vgl.: Konstam: The Pirate Ship, S. 4-6.

120 Zit.: Rogers: Life Aboard a British Privateer, S. 96.

121 Vgl.: Appleby: Die Profiteure des Krieges, S. 46.

122 Zit.: Johnson: Schauplatz Der Englischen See-Räuber, S. 111.

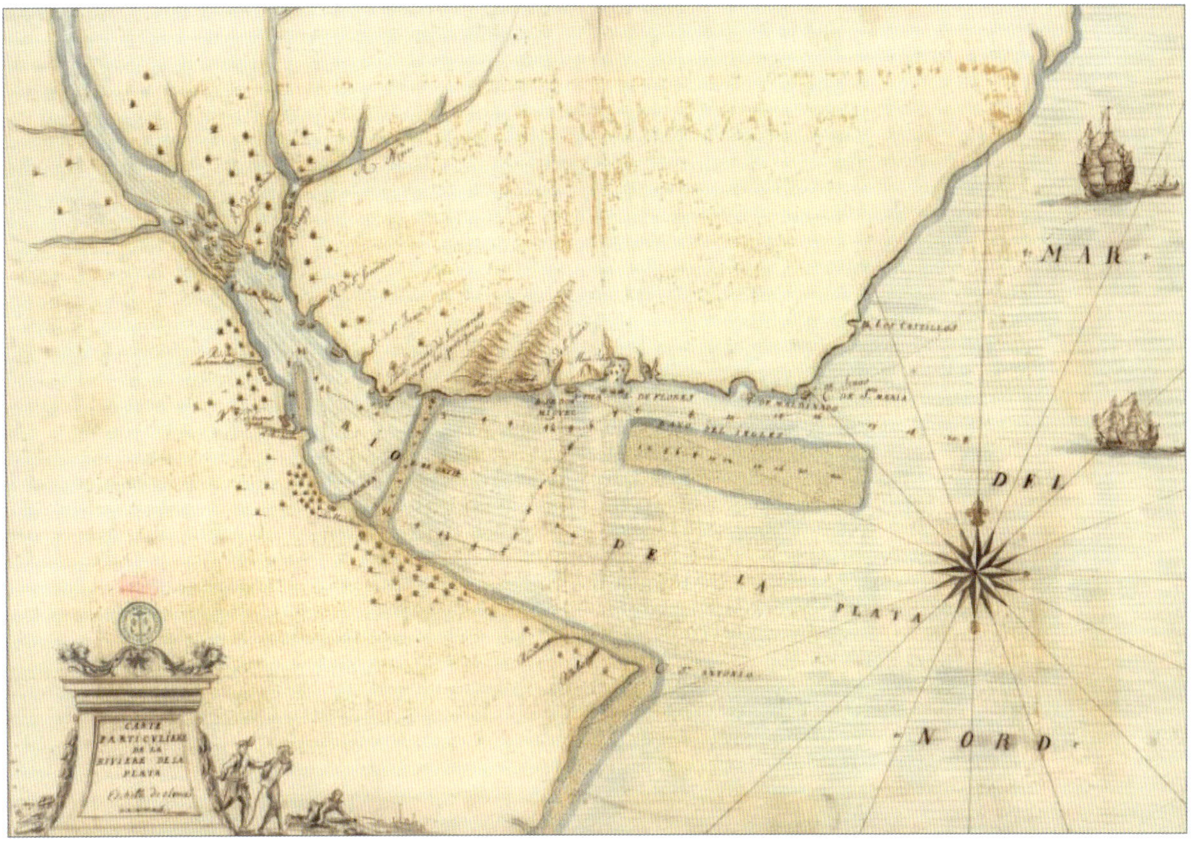

Bei den Karten und den Auszügen daraus handelt sich um Arbeiten von Paul Cornua, welche dieser im 17. Jahrhundert angefertigt hat. Die Originale befinden sich in der Bibliothèque nationale de France.

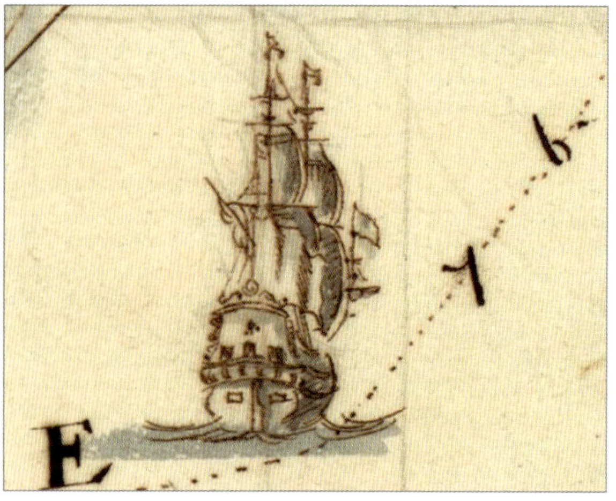

Oben links ist das Spiegelheck einer Fregatte zu sehen.
Rechts und in der mittleren Reihe weitere Pinassschiffe.
Unten links eine Galiot mit zwei rahgetakelten Masten und einem Halbmast achtern,
unten rechts eine Schaluppe (in diesem Fall ein großes Beiboot) mit Geschütz im Bug.

Die Karten des Franzosen Pierre Cornuau sind mit vielerlei Skizzen versehen, die Eindrücke über die Kleidung und Schiffen von Bukaniern liefern. Bei den hier gezeigten Typen handelt es sich überwiegend um Pinassschiffe und Fregatten. Das Schiff unten links lässt sich schwer identifizieren. Möglicherweise handelt es sich um eine Fleute mit rundem Heck, bei der die Marsstangen entfernt wurden.

I. DV PETIT GOAVE
DES ROCHES
M O V
L A G

ELEVATION
M. DE Mr PELLE
C. DE GARDE
CARE
PAYS

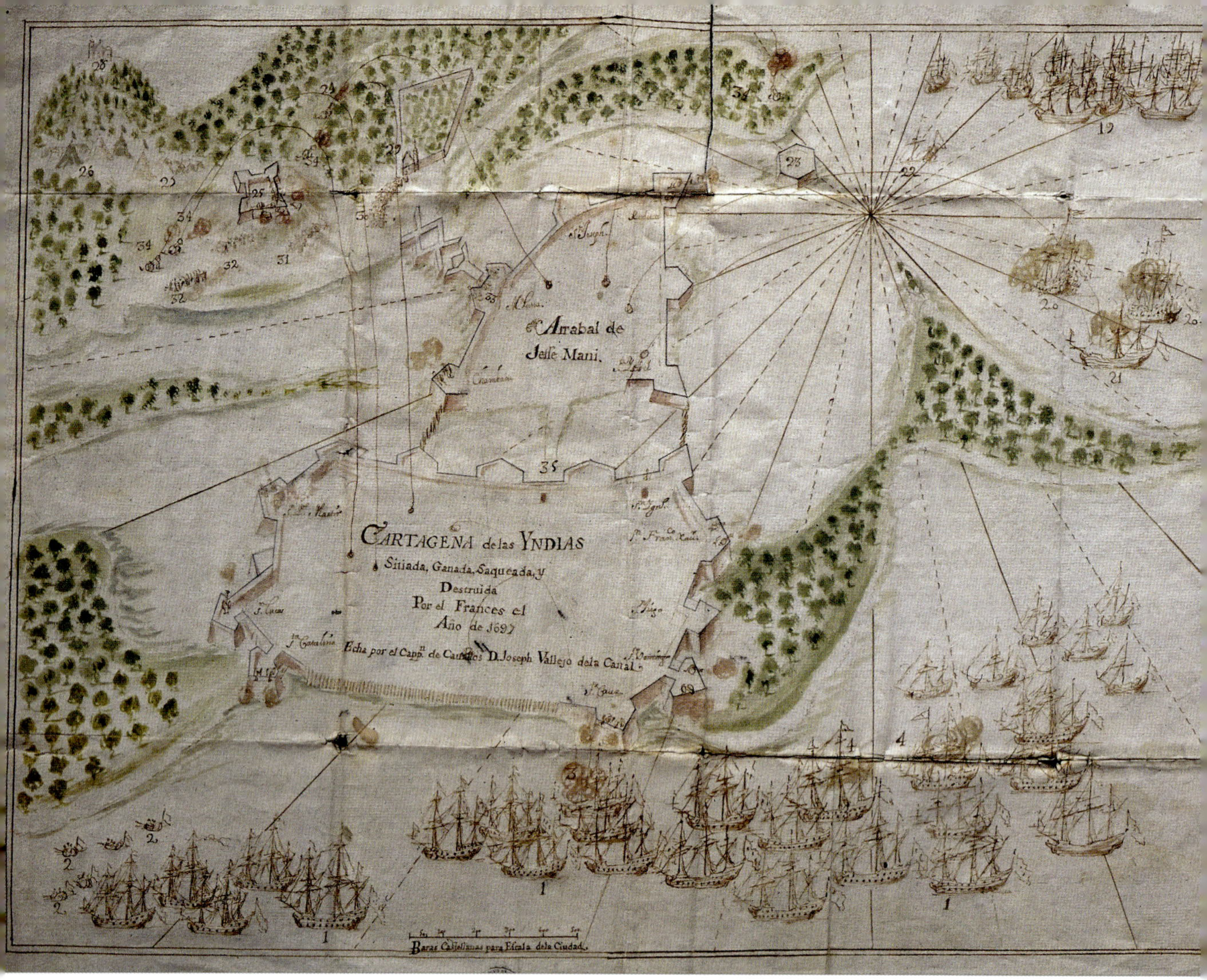

Dreimaster

Große Dreimaster, egal wie diese im Einzelnen klassifiziert werden, waren nicht die typischen Piratenschiffe, allerdings können viele der bekannteren Kapitäne auch mit größeren Schiffen dieser Art in Verbindung gebracht werden. Blackbeards *Queen Anne´s Revenge* war ursprünglich eine kleine, für Kaperzwecke in Frankreich gebaute Fregatte, die nach dem Ende des Spanischen Erbfolgekrieges als Sklavenschiff eingesetzt und von den Piraten mit 40 Kanonen ausgestattet wurde, was sie zu einem der stärksten Schiffe machte, die seinerzeit vor der amerikanischen Ostküste zum Einsatz kamen.[123] Sam Bellamys *Whydah Galley* war ebenfalls als Sklavenschiff verwendet worden.[124] Black Bart Roberts segelte auf mindestens vier Dreimastern, die er für seine Zwecke umbaute und denen er den Namen *Royal Fortune* gab, eine Handelsfregatte mit Rudern, ein französisches Handelsschiff mit ursprünglich 28 Kanonen, eine französische Fregatte und schließlich eine 26-Kanonen-Fregatte der englischen Royal Africa Company. Alle Schiffe wurden umgebaut und mit etwa 40 Kanonen bestückt. Henry Averys *Fancy* war ursprünglich ein mit 46 Kanonen bestücktes Kaperschiff. Laurens de Graaf kaperte im Laufe seiner Karriere mehrere kleine Kriegsschiffe, angefangen von der mit 28 Kanonen bestückten *Tigre*, dem 30-Kanonenschiff *Francesca*, welches er 1682 aufbrachte, als es den jährlichen Sold der Garnison nach Havanna transportierte, bis hin zu drei spanischen Kriegsschiffen, die 1683 auf ihn Jagd machten und die schließlich von ihm gekapert wurden,

123 Vgl.: Wilde-Ramsing/Carnes-McNaughton: Blackbeard´s Sunken Prize, S. 21-34.

124 Vgl.: Clifford/Perry: Das Piratenschiff, S. 300-301.

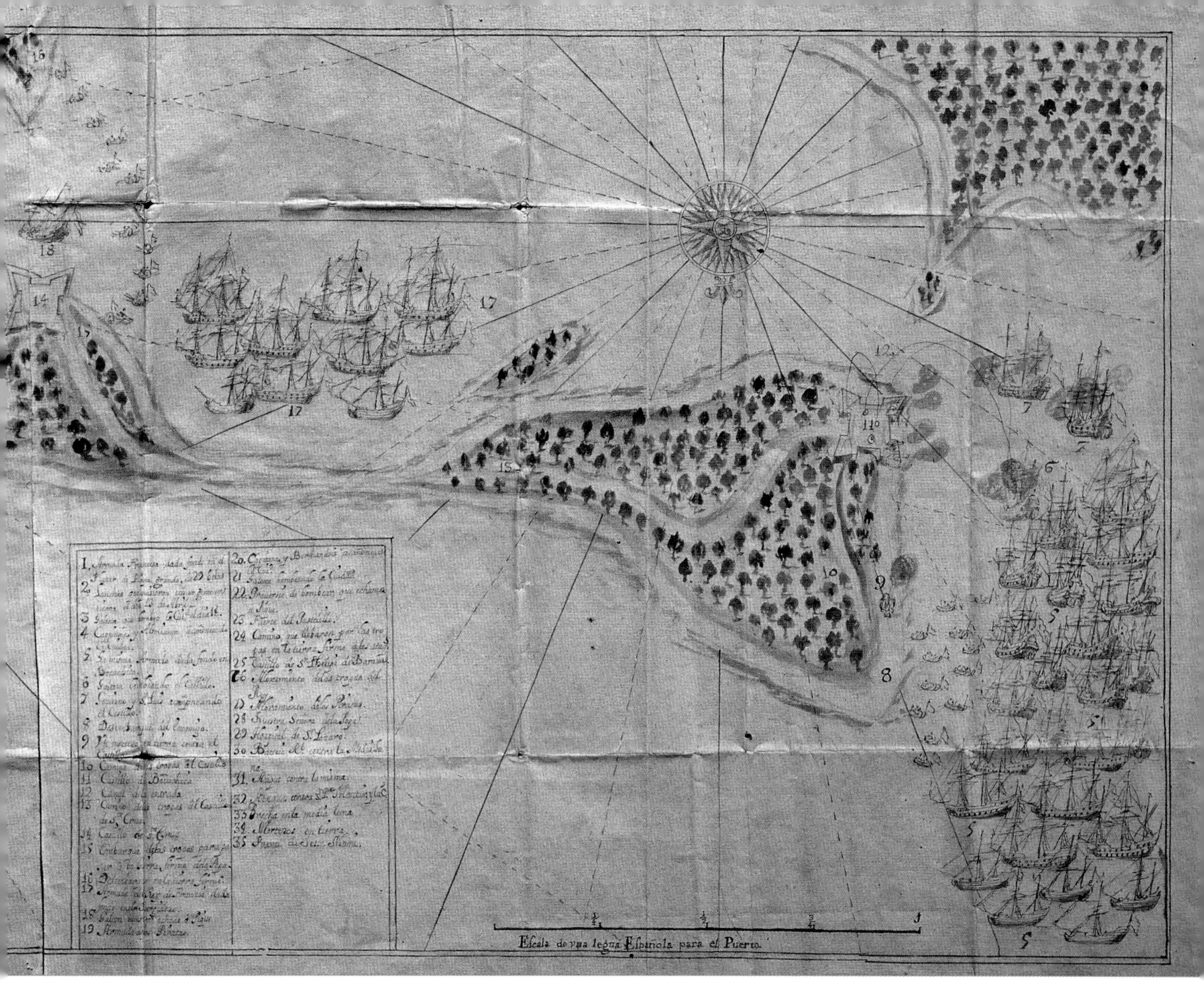

Karte vom Überfall Cartagenas, 1697
Autor: Vallejo, Archivo de Indias, Sevilla, Spanien, Copyright: akg-images

darunter die mit 40 Kanonen bestückte *San Francisco*, die er in *Fortune* (später *Neptune*) umbenannte und zu seinem letzten Flaggschiff machte.[125]

Auch Henry Morgans *Oxford*, die 1669 nach einer Explosion in der Pulverkammer vor der Küste Haitis sank, war ursprünglich ein reguläres Kriegsschiff mit 34 Kanonen, das erst 1667 mit Sir Thomas Modyford als neuem Gouverneur nach Jamaika gekommen war. Es war allerdings explizit als Flaggschiff für Morgan in seiner Funktion als Generalkapitän der Bukanier gedacht gewesen. Zu dieser Zeit war es das größte englische Kriegsschiff in der Karibik. Das Schiff war Morgan für seinen geplanten Überfall auf Maracaibo zur Verfügung gestellt worden.[126] Der Generalkapitän der Bukanier war über diese Verstärkung seiner Flotte sehr erfreut, da es das einzige Schiff war, welches ausreichend bewaffnet war, um einen Feuerkampf mit Landbatterien aufzunehmen. Bei der Explosion sollen 270 Besatzungsmitglieder ums Leben gekommen sein. Morgan selbst überlebte mit einer Verwundung am Bein. Er und seine Offiziere hatten davon profitiert, dass auf englischen Schiffen das Pulvermagazin im Bug eingerichtet wurde. Als Ersatz nahmen sich die Bukanier schließlich ein französisches Schiff mit 24 Kanonen, dessen Herausgabe der Gouverneur von Jamaika vorher abgelehnt hatte. Das Wrack wurde 1999 entdeckt und wird derzeit immer noch archäologisch untersucht[127], ebenso wie die Überreste der *Jamaica Merchant*, ein weiteres von Morgans Schiffen, welches 1676 aufgrund eines Navigationsfehlers vor der Küste Haitis sank. Auch die *Jamaica Merchant* war ein Dreimaster und vermutlich mit 20 bis 25 Geschützen bestückt.

Piratenschiffe des 17. Jahrhunderts schienen im Durchschnitt schwächer bewaffnet zu sein. L'Olonnais

125 Vgl.: Konstam: Scourge of the Seas, S. 59-60.

126 Zit.: Exquemelin: Die Americanische See-Räuber, S. 294.

127 Vgl.: Haupt: Das Piratenschiff.

Niederländische Fleute im 1650. (Salomonn Savery 1610-1665)

kaperte während seiner Expedition nach Maracaibo ein spanisches Handelsschiff mit 16 Kanonen, vermutlich eine kleine Galeone, deren Ladung er auf Tortuga löschen ließ, um sie anschließend umgehend als sein neues Flaggschiff zu nutzen. Ein anderes Schiff seiner Expedition war laut Exquemelin ein *„Fluytschiff“* [128], eine niederländische Fleute, die beim Verlassen der Maracaibo-See auf Grund gelaufen war. Sie diente ihm bei einer späteren Expedition in die Nicaragua-See als Flaggschiff und verfügte über eine enorme Besatzung von 300 Mann, wobei der Großteil vermutlich als Landetruppen für amphibische Unternehmungen diente. An einer anderen Stelle heißt es, das Schiff sei mit 28 Kanonen bestückt gewesen. Fleuten waren in den Niederlanden entwickelte Handelsschiffe mit rundem Heck und schmalem Deck, die ursprünglich für den Ostseehandel entwickelt worden waren, da die Sundzölle nach Decksgröße und nicht nach Tonnage berechnet wurden. Da sie über ein großes Fassungsvermögen verfügten und mit einer vergleichsweise kleinen Besatzung gehändelt werden konnten, kamen sie aber auf nahezu allen Weltmeeren zum Einsatz.

Im ausgehenden 17. Jahrhundert gingen vor allem englische Schiffsbauer kurzzeitig einen Sonderweg, indem sie Fregatten wieder mit Ruderreihen versahen. Dies macht sich bereits im Namen der Schiffe bemerkbar, etwa Captain Kydds *Adventure Galley* oder Sam Bellamys *Whydah Galley.* Auch bei der ersten *Royal Fortune* von Black Bart Roberts handelte es sich den Quellen zufolge um eine „Bristol Galley“, also ein mit Rudern versehener Dreimaster aus Bristol. Diese Konstruktion konnte sich jedoch nicht dauerhaft durchsetzen.

Große Dreimaster operierten selten allein, sondern fungierten in der Regel als Flaggschiff einer regelrechten Piratenflotille. Als Blackbeard Charleston blockierte, hielt ein Bewohner der Stadt fest: *„Diese Gesellschaft wird von einem gewissen Teach (alias Blackbeard) kommandiert, der ein Schiff mit 40 starken Geschützen* [die *Queen Anne´s Revenge*, Anm. A.Q.] *unter sich hat, dazu drei Sloop-Tender und alles in allem 400 Mann.“* [129]

128 Zit.: Exquemelin: Die Americanische See-Räuber, S. 199.

129 Zit. Konstam: The Pirate Ship, S. 23-24.

Dreimastiges Pinassschiff. (Reinier Nooms, 1650-1738)

Schaluppen, Briggs und Brigantinen

Viel weiter verbreitet als die großen Dreimaster, wie sie auch immer wieder in populären Hollywoodfilmen auftauchen, waren kleine, wendige Ein- und Zweimaster, die mit etwa einem Dutzend Geschützen versehen waren und über etwa 60 bis 80 Mann Besatzung verfügten. William Dampier zählt eine ganze Flotte derartiger Schiffe auf, als er 1681 auf einem Freibeuter die Insel La Sound Key erreicht. Dort ankerten zwei Schiffe mit je zehn Kanonen und 100 Mann, eine Barca Longa mit vier Kanonen und 40 Mann und eine weitere unbewaffnete Barca Longa, alle unter dem Befehl englischer Kapitäne. Ein holländischer Kapitän namens „Yankee" befehligte eine weitere Barca Longa mit vier Kanonen und 60 Mann, drei weitere Schiffe wurden von Franzosen kommandiert: eine weitere unbewaffnete Barca Longa, ein Schiff mit sechs Kanonen und 70 Mann und ein weiteres mit acht Kanonen und 40 Mann Besatzung.[130] Als Barca Longa wurden kleine, offene Boote in Portugal und Spanien bezeichnet, die ein oder zwei kurze Masten mit jeweils einem Segel besaßen.

In seiner biografischen Aufzählung bekannter Bukanierkapitäne erwähnt Exquemelin fast ausschließlich kleine Schiffe, etwa bei Bartholomeo de Portugues, einem gebürtigen Portugiesen, *„gieng von Jamaique mit einer Bark / gemontirt mit vier Stucken und dreyßig Köpfen"*[131] oder selbst beim berühmten L'Olonnais, der – nachdem er bei Kampesche einmal Schiffe und Mannschaft verloren hatte – eine neue Crew zusammenstellte *„mit ein und zwanzig wolgewaffneter Mann und einem Schifflein / das er durch List bekommen hatte"*[132] und das Exquemelin auch als „Bark" beschreibt. Kurz darauf gelang es ihm, ein kleines spanisches Kriegsschiff mit zehn Kanonen zu überrumpeln, das ausgesandt war, um ihn zu fangen. Die meisten Piratenschiffe, die Johnson beschreibt, waren eben solche „Chaloupen". Schätzungen zu Folge, wurde etwa die Hälfte der Piratenüberfälle in amerikanischen Gewässern zwischen 1710 und 1730 mit Hilfe von Schaluppen oder Sloops durchgeführt. Die Bezeichnung von Schiffen in jener Zeit ist nicht immer klar definiert und kann zudem von Land zu Land variieren. Doch in der Regel war die Sloop ein ein- oder

130 Vgl.: Dampier: A New Voyage round the World, S. 26.

131 Zit.: Exquemelin: Die Americanische See-Räuber, S. 136.

132 Zit.: Exquemelin: Die Americanische See-Räuber, S. 163.

Eine Piratenbrigg überfällt eine kleine britische Schaluppe. Die meisten Piratenüberfälle in der Karibik wurden von kleinen Schiffe durchgeführt. Nur die bekanntesten Piraten verfügten über große Dreimaster.

Lunyanov 2020

zweimastiges Schiff von 60 bis 100 Tonnen. Einmaster trugen ein Gaffelsegel und darüber ein Rahsegel. Zweimaster waren in der Regel wie Briggs getakelt. Auch bei diesem Typ variieren die Bezeichnungen, denn die moderne Klassifikation, wonach Briggs Rahsegel an Fock- und Hauptmast führen, galt im 17. und frühen 18. Jahrhundert auch für Brigantinen. Ihr Name leitet sich eventuell vom Terminus des „Briganten" ab und könnte somit auf eine bevorzugte Verwendung durch Piraten verweisen.[133]

Der Begriff „Pinasse" ist ebenfalls äußerst vielseitig anwendbar. Die Niederländer bezeichneten als „Pinassschiff" oft einen Dreimaster mit Spiegelheck. In der Karibik wurden dagegen diverse kleinere Typen so benannt. Der Freibeuter William Jackson begann 1642 seine Kaperfahrt von St. Christopher mit drei kleinen Pinassen, die kaum mehr als zwölf Tonnen verdrängten.[134]

Diese schnellen Schiffe waren vor allem in der Karibik und in den engen Fahrwassern der Kleinen Antillen wegen ihrer Wendigkeit begehrt. Calico Jack Rackham und Charles Vane operierten überwiegend auf kleinen Schaluppen von Providence aus. Johnson berichtet von einem seiner Raubzüge vor den amerikanischen Kolonien, wo er *„eine Brigantine von 12 Stücken und 90 Mann commandirte."*[135] Da der Hafen von Providence wesentlich seichter war, als der von Tortuga, der sogar großen Linienschiffen ausreichend Schutz bot, gingen von hier aus vor allem kleine Ein- und Zweimaster in See. Stede Bonnet ließ sich auf Barbados die 10-Kanonen-Sloop *Revenge* bauen, mit der er seine Karriere begann. Dabei handelte es sich wohl um das einzige direkt als Piratenschiff geplante und gebaute Schiff überhaupt.

Flaggen und Symbole

Unser Bild von Piratenangriffen ist geprägt von großen Dreimastern, an deren Flaggenstock das schwarze Banner mit dem Totenkopf und den gekreuzten Knochen weht. Doch die schwarze Flagge wurde erst am Ende der hier betrachteten Epoche, ab den späten 1690ern populär. Im 17. Jahrhundert hissten Piraten dagegen die berühmte Jolly Roger, ein blutrotes Banner, welches weithin verkünden sollte, dass sie nicht bereit waren, Pardon zu gewähren. Über die Herkunft des Namens herrscht keine Klarheit. Die verbeiteste und wohl auch wahrscheinlichste Erklärung leitet den Namen vom französischen „jolie rouge" (hübsches Rot) ab, was angesichts der französischen Herkunft vieler Bukanier realistisch erscheint. Nach einer anderen Version ist der Name eine englische Verballhornung des indischen Piraten Ali Rajah, von englischen Seeleuten Olly Roger genannt. Wieder andere Erklärungen leiten die Bezeichnung „Roger" vom englischen Wort „rogue" ab, was damals so viel wie Vagabund oder Schurke bedeutete. Hierüber wird eine Brücke zu den frühen holländischen „Seegeusen" (Geusen = Bettler) gezogen, denn niederländische Seestücke zeigen rote Fahnen an Freibeuterschiffen bereits im frühen 17. Jahrhundert. Demnach hätte es sich bei der Flagge bereits um ein gebräuchliches Symbol für Freibeuter im Englischen Kanal gehandelt. Die Gründe für das Führen roter Flaggen sind nicht sicher geklärt. An Land suggerierte das Hissen roter Banner, dass kein Pardon gewährt werden sollte, auf See hingegen galt Rot als Quarantäneflagge. Es ist daher sowohl darüber spekuliert worden, dass die ursprünglich mit dem Landkrieg verbundene Aussage auf See übertragen wurde, oder die Piraten für sich eine ebenso tödliche Gefahr in Anspruch nahmen, wie ein von einer Seuche befallenes Schiff. Im Pfälzischen und Spanischen Erbfolgekrieg sollten englische Freibeuterschiffe rote Flaggen führen, allerdings hatte sich deren Symbolik bis dahin bereits durchgesetzt. Englische Seeleute sprachen in dieser Zeit vom „Red Jack".[136]

Oftmals fuhren die Bukanier des 17. Jahrhunderts weiterhin unter der Flagge ihrer Herkunftsländer, denen sie sich nach wie vor verbunden fühlten. Von Henry Morgans Flotte heißt es im Jahr 1670, sie segele *„unter zwo verschiednen Flaggen / nemlich unter des Königs von England / und unter der weißen Flagge."*[137] Während der Plünderung Panamas schwenkten Morgans Fahnenträger sowohl das St. Georgs-Kreuz, als auch eine Reihe nicht näher beschriebener roter und grüner Flaggen. Aber gerade das Führen der englischen Fahne machte das Unternehmen politisch heikel, wirkte es doch auf die spanischen Beobachter so, als sei es von der Krone legitimiert gewesen.

Schwarze Flaggen mit Totenkopfsymbolik tauchten erstmals in den 1690er-Jahren auf. Henry Avery führte ein schwarzes Banner mit einem Schädel im Seitenprofil mit Kopftuch und Ohrring – offensichtlich ein Seemannskopf – und zwei gekreuzten Knochen, während Calico Jack Rackham die bis heute viel kopierte Flagge mit dem frontal abgebildeten Schädel und zwei gekreuzten Entermessern führte. Die ebenso bekannte Version mit zwei gekreuzten Knochen anstatt der Entermesser wurde von Edward England genutzt. Das Aufkommen dieser Fahnen deutet vermutlich den Übergang der Bukaniere von staatlich gedeckten Gewaltgemeinschaften zu vollwertigen Piraten an, welcher sich in dieser Zeit vollzog. Allerdings nutzten auch einige Piraten des frühen 18. Jahrhunderts weiterhin die Flaggen ihrer Herkunftsländer. Charles Vane ließ 1718 auf seinem Schiff sowohl die schwarze, als auch die englische Flagge hissen, während das Schiff von Edward England 1720 die schwarze Flagge im Hauptmast, die rote Flagge vom

133 Vgl.: Konstam: The Pirate Ship, S. 17-20.

134 Vgl.: Latimer : Buccaneers of the Caribbean, S. 91-92.

135 Zit.: Johnson: Schauplatz Der Englischen See-Räuber, S. 182.

136 Vgl.: Konstam: Scourge of the Seas, S. 151-154.

137 Zit.: Exquemelin: Die Americanische See-Räuber, S. 368.

Vormast und die englische Flagge am Flaggenstock im Heck zeigte.[138] Letztere galt als die wichtigste Flagge an Bord.

Die schwarzen Flaggen und Totenköpfe transportieren eine erstaunliche Vielfalt an symbolisch verklausulierten Botschaften. Tatsächlich standen Schädel und gekreuzte Knochen nicht für den Tod, sondern seit dem Mittelalter für die Wiederauferstehung. Einige Forscher interpretierten dies als Botschaft, dass unfreie Sklaven und sich als versklavt fühlende Seeleute als Mitglieder einer freien Gesellschaft wiedergeboren fühlten.[139] Dies mag teilweise zutreffend sein, sollte jedoch nicht dazu führen, dieses soziale Rebellentum zum Hauptmotiv für Piraterie zu erklären. Auch unter den frühen Bukaniern herrschte der Glauben an eine Wiedergeburt vor, die mit Überschreiten des Wendekreises des Krebses eintreten sollte.[140]

Manche Flaggen enthielten offene Feindschaftserklärungen. Nachdem Black Bart Roberts von Schiffen aus Martinique und Barbados aus der Karibik verjagt worden war, wählte er eine Flagge, die einen Seemann zeigte, der auf zwei Schädeln stand, darunter die Buchstaben ABH (A Barbadians Head) und AMH (A Martiniquians Head). Tatsächlich fiel ihm der Gouverneur von Martinique später in die Hände und wurde von den Piraten gehängt.

Die Flagge von Blackbeard zeigte ein weißes Skelett auf schwarzem Grund. Das Skelett hält in der rechten Hand eine Sanduhr und in der linken eine Lanze, deren Spitze auf ein blutendes rotes Herz gerichtet ist. Die Sanduhr – ein oft benutztes Symbol – sollte den Opfern suggerieren, dass ihre Zeit abgelaufen ist, während der Speer und das blutende Herz einen grausamen Tod versprachen. Andere Flaggen zeigten Seeleute, die mit Skeletten tanzten, was wohl darauf verwies, dass Piraten sich nicht um ihren Tod kümmerten, sondern sich darüber im Klaren waren, dass sie ein Spiel mit dem Feuer betrieben.

Eine rote Variante dieser Flaggen wurde von dem Piraten Christopher Moody geführt. Über ihn ist wenig bekannt. Er kreuzte von 1713 bis 1718 vor allem vor den Küsten von North und South Carolina. Seine rote Flagge zeigt links eine gelbe Sanduhr mit blauen Flügeln, wohl als Symbol dafür, dass die Zeit für die Opfer davonfliegt, in der Mitte einen weißen Arm mit Entermesser und rechts einen gelben Totenschädel mit dahinter gekreuzten Knochen. Moody schloss sich später der Crew von Black Bart Roberts an, wurde im Gefecht mit der *Swallow* gefangen genommen und 1722 auf Cape Coast Castle gehängt.

Taktiken auf hoher See

Zwar bildet die gold- und silberbeladene, gut bewaffnete spanische Schatzgaleone in der Filmwelt das Ziel eines jeden Piratenangriffs. In der Realität versuchten die meisten Kapitäne, mit einigen wenigen, prominenten Ausnahmen, wie Black Bart Roberts, Gefechte mit gut bewaffneten Gegnern zu vermeiden. Denn gerade die spanischen Schatzschiffe waren sowohl gut bestückt als auch auf die Abwehr von Enterangriffen vorbereitet, wie aus dem Tagebuch von Woodes Rogers hervorgeht, der 1709 mit drei Kaperschiffen eine einzelne spanische Galeone attackierte: *„Am folgenden Tag war die „Duke“ nahe genug, um sich dem Kampf anzuschließen, nur um, wie die „Duchess“ und „Marquis“ vor ihr, herauszufinden, dass ihre größten Schüsse (Sechspfünder), der Galeone sehr wenig Schaden zufügten. Sie war ein stolzes neues Schiff „Bignonia“ mit 900 Tonnen und 60 Kanonen, gut eingerichteten Nahkampfbereichen* [mit Holzwänden abgetrennte Bereiche auf dem Deck, hinter der Schützen sichere Aufstellung fanden] *und ihr Deck geschützt durch starke Enternetze.“*[141] Nach einem langen, aber wirkungslosen Artillerieduell mussten die Freibeuter das spanische Schiff schließlich ziehen lassen.

Die Seekriegsführung des 17. Jahrhunderts zielte in den seltensten Fällen auf die Versenkung gegnerischer Schiffe ab. Dennoch wurden Seegefechte durch ein intensives Artillerieduell eingeleitet. Dabei gab es zwei Möglichkeiten. Entweder schossen die Schiffe mit schweren Vollkugeln auf den Rumpf des Gegners oder sie nutzten eine Vielzahl von Spezialgeschossen, wie Ketten- und Stangenkugeln, bei denen zwei Vollkugeln oder eine halbierte Kugel mit eisernen Ketten oder seltener Stangen verbunden waren, und feuerten auf die Takelage des Gegners, um ihn so zu entmasten, manövrierunfähig zu machen und ihn dann aus einer günstigen Position unter Beschuss nehmen zu können. Ideal war ein Beschuss auf das Heck, welches durch die großen Glasfenster der Kapitänskajüte am verwundbarsten war und von wo die Geschosse einmal längs durch das gesamte Schiff fegten und aus jedem der hölzernen Bauteile, die sie trafen, große Splitter herausrissen.

Auch wenn reguläre Kriegsschiffe immer größer und besser bewaffnet waren, dominierte im letzten Stadium der Schlacht ein verlustreicher Enterkampf. Eben jenen wollten Piraten jedoch ebenfalls vermeiden. Ihr Ziel bestand im Beutemachen und nicht darin, Ruhm und Ehre im Kampf zu erringen. Daher waren ihre Taktiken vor allem darauf ausgelegt, Verluste zu verringern und den Gegner möglichst schnell zur kampflosen Aufgabe zu zwingen. Ein typischer Piratenüberfall lief daher meist so ab, wie die bei Johnson geschilderte Aufbringung einer französischen Schaluppe durch den Piratenkapitän John Phillips vor Barbados: *„Um deßwillen steckten sie die schwarze Flagge*

138 Vgl.: Konstam: Scourge of the Seas, S. 156.

139 Vgl.: Kinkor: Sklaven auf Piratenschiffen, S. 99.

140 Vgl.: Marx: Brüder der Küste, S. 43.

141 Zit.: Rogers: Life Aboard a British Privateer, S. 106-107.

Seegefecht zwischen einer spanischen Fregatte (links) und einem niederländischen Schiff.
(Reinier Nooms, 1650-1738)

auf, und riefen mit lauter Stimme, daß wenn die equippage den geringsten Widerstand thun würde, sie keine Gnade sollten zu hoffen haben, die Franzosen liessen sich durch diese Bedrohung schrecken, und ergaben sich ohne Schwerdtstreich.“[142]

Eine überraschende Annäherung an einen Gegner war jedoch auch mit einigen Risiken verbunden. Eine der größten Gefahrenquellen im Gefecht stellten die auf dem Hauptdeck ineinander gestapelten Beiboote der Schiffe dar. Reguläre Kriegsschiffe ließen ihre Beiboote vor Gefechtsbeginn zu Wasser, damit diese nicht getroffen wurden und in einem Hagel tödlicher Splitter über das Deck fegen konnten. Eine solche Maßnahme hätte ein Piratenschiff jedoch entlarvt.

Die Aussicht auf Artillerieduelle und blutige Enterkämpfe konnte sich daher durchaus auch negativ auf die Moral der eigenen Besatzung auswirken. Eine des Öfteren angewandte Methode zur Motivation der Mannschaft bestand darin, das eigene Schiff leck zu schlagen. Pierre le Grand, einer der ersten Piraten, die vor Tortuga eine Galeone unter dem Kommando des spanischen Vizeadmirals kaperte, verfügte damals nur über eine kleine Piroge und eine Besatzung aus 28 halb verhungerten Männern. Als sie das spanische Schiff entdeckten, folgten sie ihm. Der Wundarzt der Piraten bohrte Löcher in den Boden des Schiffes, sodass ihre Entscheidung zum Angriff unabwendbar war. Es gelang ihnen, sich den Spaniern in der Nacht unbemerkt zu nähern und sie zu überrumpeln, ohne dass es zu größeren Kämpfen kam.[143]

Bei den frühen Bukaniern war es üblich, mit kleinen Schiffen direkt auf ein gegnerisches Handelsschiff zuzusteuern und mit Kanonen und Musketen das Heck unter Feuer zu nehmen, um den Steuermann zu töten und das Schiff so manövrierunfähig zu machen.

Ein beliebter Trick bestand darin, sich unter der Flagge einer neutralen Nation dem Gegner zu nähern. Erst im letzten Moment wurde diese Flagge eingeholt, der Jolly Roger oder die Totenkopffahne gehisst und die Kanonen ausgerannt. Derartig überrumpelt, strichen viele Besatzungen aus reiner Furcht die eigene Flagge. Die Wildheit der Piraten wurde meist durch lautes Krachschlagen verstärkt, indem Kanonen und Handfeuerwaffen abgefeuert und Trommeln geschlagen wurden.

Um sich möglichst ungehindert ihren Opfern zu nähern, spielten Piraten teilweise sehr aufwendige Theaterszenen. Der Trick mit der falschen Flagge war nur einer von vielen. Mitunter sollte die gute Bewaffnung eines Schiffes kaschiert werden, indem die Stückluken mit bemalten Segeltuchwänden behangen

142 Zit.: Johnson: Schauplatz Der Englischen See-Räuber, S. 575.

143 Vgl.: Marx: Brüder der Küste, S. 42. Berichtet wird der Vorgang bei Exquemelin: Die Americanische See-Räuber, S. 112.

wurden. Verkleidete Piraten gaben sich auf den Decks den Anschein einer gut gelaunten Gruppe Passagiere, die zu Musik tanzten.

Kam es doch zum Kampf, war der richtige Zeitpunkt zum Abfeuern der Geschütze von entscheidender Bedeutung. Exquemelin schildert das Gefecht zwischen einer Barke des französischen Piraten Pierre France und einem spanischen Kriegsschiff, das Perlenschiffe an der Küste vor Maracaibo bewachte: „*Als er an sie kam / gebot er ihnen zu streichen* [die Fahne einzuholen und zu kapitulieren, Anm. A.Q.] */ allein sie begunten auff ihn mit gleicher Hand zu schiessen; Er aber wartete so lang / bis sie ihre Chargie gethan / darauf begunte er ebenfalls auf sie zu schiessen / welcher Schuß ihm wohl gerieth / daß der Spanier nicht wenig dadurch schlafen gelegt wurden / und ehe sie sich bereit gemacht / die 2. Chargie zu thun / klampte er ihnen an Bord.*“ [144] Die Piraten enterten das Schiff und versenkten ihr eigenes. France hatte dennoch Pech, denn er und seine dezimierte Besatzung wurden kurz darauf von einem zweiten Kriegsschiff bezwungen. Vermutlich feuerten die Geschütze auf kurze Distanz eher Kartätschen, als Vollkugeln, da viele der kleinen Geschütze nicht die Kraft hatten, dicke Bordwände selbst auf kurze Distanz zu durchschlagen. Zusammen mit dem Feuer der Handfeuerwaffen richtete sich der Beschuss gegen die Mannschaft des angegriffenen Schiffes.

Es gibt jedoch auch Beispiele, dass einzelne Handelsschiffe erbittert Widerstand leisteten. Johnson zitiert den Brief eines Zeitgenossen: „*Die See=Räuber hatten allbereit ihre schwarze Fahne angesteckt, daß uns also keine Hoffnung mehr, als auf Gott alleine übrig blieb, welcher uns nach seiner grossen Güte aus der schier unvermeidlichen Gefahr in Stücken gehauen zu werden, errettette. Denn ungeachtet sie uns überlegen, bunden wir doch mit diesen zweyen Schiffen an und fochten 3. Stunden mit unverzagtem Muth. Ihr gröstes Schiff bekam währender Zeit viele Schüsse unter Wasser, welches dasselbe nöthigte, sich ein wenig von uns zu entfernen, um die Löcher, so unsere Canonen ihm gemacht, zu zustopffen. Das andere Schiff bemühete sich aufs euserte, vermittels der Ruder uns an Bord zu kommen, wie sie denn länger als eine Stunde nur auf ein halbes Schiff lang von uns entfernet waren; wir hatten aber das Glück alle ihre Ruder zu zerstücken, welches ihr Vorhaben vernichtete, und uns das Leben rettete.*“ [145] Das Schiff wurde allerdings weiter von den Piraten verfolgt und schließlich doch noch zur Strecke gebracht.

Einige der bekannteren Piraten des frühen 18. Jahrhunderts, wie Blackbeard und Black Bart operierten in kleinen Geschwadern, die meist aus einem großen, schwer bewaffneten Flaggschiff und einer Reihe kleiner Briggs und Sloops bestanden. Die kleineren, wendigeren Schiffe sollten ausschwärmen, mögliche Beute aufspüren und, wenn sie diese nicht selbst überwinden konnten, so lang in ein Gefecht verwickeln, bis sich das Flaggschiff genähert hatte.

Letztendlich führten das von den Piraten betriebene Spektakel und die Einschüchterungsversuche in den meisten Fällen zum Erfolg, auch weil die Besatzungen sich darüber im Klaren waren, dass die Piraten ihnen nicht immer all ihr Hab und Gut rauben wollten.

Der Umgang mit gekaperten Schiffen

Was mit den gekaperten Schiffen geschah, unterschied sich von Fall zu Fall teilweise sehr drastisch. Im Idealfall sahen die Piraten die Möglichkeit, ein Schiff samt Ladung zu verkaufen. Dafür bedurfte es jedoch entsprechender Märkte, da für den Verkauf von Schiffen kapitalkräftige Zwischenhändler von Nöten waren. Mitunter wechselten Piraten auch einfach ihre Flagge, übernahmen das eroberte Schiff oder tauschten es sogar. „*Wann sie ein Schiff erobern / stehet es in ihrem Belieben / selbiges dem Capitain zu geben oder nicht; und im fall das eroberte Schiff bässer / als das / worinne sie sind / nehmen sie selbiges / und stecken das andere in Brand*“, [146] schreibt Exquemelin. Nicht selten wurde jedoch nur die Ladung, beziehungsweise deren wertvolle Bestandteile geplündert. So beschreibt Johnson, wie Charles Vane auf einer Kaperfahrt vor der amerikanischen Ostküste mehrere Schiffe aufbrachte: „*Die Seeräuber plünderten sie miteinander und liessen sie darauf gehen.*“ [147]

Black Bart Roberts taufte, wie erwähnt, mehrere Schiffe auf den Namen *Royal Fortune* und ließ nicht selten die Mannschaften gekaperter Schiffe mit seinen alten Kähnen davon segeln. Eine solche Methode ersparte zeit- und kraftaufwendige Reparaturen. In seltenen Fällen wurden die Schiffe versenkt oder verbrannt, etwa, weil sie keinen Wert darstellten oder nur schwer zu vertreiben waren. Edward Low ließ einmal die französische Besatzung eines Schiffes evakuieren und nur den Koch an den Mast fesseln. Anschließend setzte er das Schiff in Brand und erklärte, der Koch sei ein derart fetter Kerl gewesen, dass er sicher gut braten werde. [148] Exquemelin berichtet, dass Pierre le Grand, nachdem er eine spanische Galeone gekapert hatte, einen Teil der Besatzung an Land aussetzen ließ und einen anderen Teil in seine Dienste presste, da er zusätzliche Männer zum Segeln des Schiffes benötigte. [149] Generell wurden Gefangene ihm zufolge an Land gesetzt. „*Sobald ihnen müglich ist / ausgenommen zween / oder drey / die sie behalten ihnen zu kochen / und andere Dinge zu thun / die sie selber*

144 Zit.: Exquemelin: Die Americanische See-Räuber, S. 133-134.
145 Zit.: Johnson: Schauplatz Der Englischen See-Räuber, S. 226-227.
146 Zit.: Exquemelin: Die Americanische See-Räuber, S. 119-120.
147 Zit.: Johnson: Schauplatz Der Englischen See-Räuber, S. 280.
148 Vgl.: Marx: Das Goldene Zeitalter, S. 108.
149 Vgl.: Exquemelin: Die Americanische See-Räuber, S. 113-114.

nicht thun wollen; und nachdem sie dieselben zwey oder drey Jahr gehalten / dann lassen sie solche wieder lauffen.“ [150]

Low galt als grausamer Psychopath, der sich nicht selten an den Besatzungen gekaperter Schiffe vergriff. Einmal schnitt er dem Kapitän eines Walfängers die Ohren ab und zwang ihn, diese mit Salz und Pfeffer zu essen. [151] Aber sein Vorgehen ist nicht unbedingt typisch, sowohl für die Bukanier des 17. als auch die Piraten des 18. Jahrhunderts. Blackbeard beispielsweise eilte zwar ein grausamer Ruf voraus, tatsächlich ging er vergleichsweise schonend mit den Besatzungen gekaperter Schiffe um. In späteren Phasen war es üblich, dass Piraten die Mannschaften gekaperter Schiffe über das Verhalten ihrer Kapitäne und Vorgesetzten befragten. Gab es Beschwerden, wurden diese misshandelt. Von Roberts ist aber auch bekannt, dass er, im Fall, dass es keine Beschwerden gab, die Kapitäne zum Essen einlud. Anschließend wurden Freiwillige aus der Crew rekrutiert und dem Rest nicht selten freier Abzug gewährt. Hochrangige Passagiere wurden mitunter als Geiseln behalten und gegen ein Lösegeld freigelassen. Es kam aber nicht selten vor, dass Piraten lediglich wertvolle Waren aus der Ladung, Waffen, Munition und Proviant erbeuteten und die Schiffe dann wieder freigaben. So berichtet Johnson über die Kaperung einer Brigantine durch Roberts: *„Das Schiff von Bristole schickte er wieder zurücke, nachdem er alles, was ihm anstund, daraus genommen, und seine Leute mit einiger Mannschaft verstärkt hatte, welche gerne unter ihm Dienste nahmen.“* [152] Beschreibungen wie diese finden sich bei Johnson häufig, nicht nur in der Schilderung von Roberts Lebenslauf. Über eine spätere Phase heißt es verallgemeinernd: *„Es ist nicht auszusprechen, wie viele Schiffe sie während dieser Fahrt nahmen: viele wurden verbrannt oder im Grund gebohret, andere wieder erlassen, nachdem die Räuber im Laun waren, diejenige, so das Unglück hatten, ihnen in die Hände zugerathen, wol oder übel zuhalten.“* [153]

Ein freies Plündern der Schiffe war den Piraten untersagt. Stattdessen musste alle Beute zusammengetragen und nach Abzug der Kompensationen für die Verwundeten gleichmäßig verteilt werden. Nach Exquemelin mussten die Bukanier des 17. Jahrhunderts eigens einen zusätzlichen Eid auf die Bibel schwören, dass sie nichts über dem Wert von einem Schilling für sich behalten würden. Andernfalls drohte ihnen die Aussetzung. [154]

150 Zit.: Exquemelin: Die Americanische See-Räuber, S. 121.

151 Vgl.: Marx: Das Goldene Zeitalter, S. 110.

152 Zit.: Johnson: Schauplatz Der Englischen See-Räuber, S. 386-387.

153 Zit.: Johnson: Schauplatz Der Englischen See-Räuber, S. 395.

154 Vgl.: Exquemelin: Die Americanische See-Räuber, S. 120.

Amphibische Operationen

Amphibische Operationen gehörten zu den größten militärischen Herausforderungen der Frühen Neuzeit und werden in ihrer Bedeutung durch die Forschung meist unterschätzt. Der Fokus im Landkrieg liegt auf großen Schlachten und Belagerungen, an denen wesentlich größere Heere beteiligt waren, während sich Darstellungen über den Seekrieg meist auf große Seeschlachten beschränken. Dabei diente die Seeherrschaft in vielen Fällen vor allem dazu, ungehindert Truppen verschieben zu können. Die Anlandung dieser Truppen stellte außerhalb gesicherter Häfen ein schwieriges Unterfangen dar, da es keine speziell dafür entwickelten Landungsboote gab. Landetruppen wurden in den Beibooten der Schiffe ausgesetzt, die hierfür auf entsprechend zugängliche Strände angewiesen waren.

William Dampier erzählt, dass die Bukanier, mit denen er 1681 zog, sehr genaue Kenntnisse von den Küsten besaßen, die sie ansteuerten: *„Die Freibeuter haben Berichte von den meisten Städten innerhalb von 20 Leagues nahe der Küste, entlang der gesamten Küste von Trinidado bis nach La Vera Cruz und sind in der Lage, eine genaue Schätzung ihrer Stärken und Reichtümer zu geben: da die es zu ihrer Aufgabe machten, alle Gefangene, die in ihre Hände fallen, zu befragen, hinsichtlich Land, Ortschaft oder Stadt aus der sie kamen, ob sie dort geboren oder wie lang sie dort gelebt hätten? Wie viele Familien? Waren die meisten Spanier? Oder waren die meisten nicht kupferfarben, wie Mulatten, Mestizen oder Indianer? Ob reich, und worin ihre Reichtümer bestanden? Und was ihr Hauptgewerbe sei? Falls befestigt, wie viele große Kanonen und was war die Zahl der Kleinwaffen? Ob es möglich ist, unbemerkt an sie heran zu kommen? Wie viele Aussichtsposten oder Wachen? Da die Spanier solche immer unterhalten, und wo die Aussichtsposten platziert waren? Ob es möglich war, die Aussichtsposten zu vermeiden oder zu nehmen? Ob irgendein Fluss oder Gewässer ihr nahe kommt, oder wo die beste Landemöglichkeit war?“* [155] Auf diese Weise erhielten die Bukanier entscheidende und wichtige Informationen über die besten Plätze zum Anlanden von Truppen, gute Gelegenheiten für Überraschungsangriffe oder zumindest einen aussichtsreichen Sturmangriff.

Landungsoperationen gehörten nicht zum Alltagsgeschäft karibischer Piraten. Trotzdem gelang es im Goldenen Zeitalter immer wieder einzelnen Kapitänen, ausreichend große Flotten und Banden zusammenzustellen, um gut befestigte spanische Hafenstädte, wie Cartagena, Maracaibo und Panama anzugreifen, was von ihrem enormen Organisationstalent und den militärischen Fähigkeiten der Crews kündet. In den ersten sechs Jahren nach der englischen Besetzung Jamaikas wurden von Port Royal aus Expeditionen gestartet, die 18 größere und vier kleinere Städte und

155 Zit.: Dampier: A New Voyage round the World, S. 27-28.

Bukanier greifen eine Stadt an.
Sehr fantasievolle Darstellung eines Piratenangriffs auf spanische Verteidigungsstellungen. Tatsächlich folgten moderne spanische Befestigungsanlagen in der Neuen Welt im 17. Jahrhundert europäischen Mustern. Hohe, runde Kanonentürme, wie auf dem Bild zu sehen, sind eher untypisch. (Stich aus Alexandre Exquemelins „De Americaensche Zee-Rovers“)

Henry Morgans Bukanier plündern eine Stadt.
(Stich aus Alexandre Exquemelins „De Americaensche Zee-Rovers“)

36 Siedlungen überfielen.[156] Exquemelin schildert diese Expedition als Konsequenz des Erfolges der Bukanier auf See. Sobald sie dort keine Beute mehr machen konnten, verlegten sie ihre Angriffe an Land, „*dann weil die Rauber in See keine Schiffe mehr bekamen / schlugen sie sich zusammen / fuhren ans Land / und plünderten / wo sie nur hin kamen / Städte und Dörffer aus.*“[157] Ihm zufolge war ein Louis Scott der erste Bukanier, der einen Angriff auf die Stadt Campeche wagte.

Bereits die französischen Korsaren des 16. Jahrhunderts wagten Angriffe auf spanische Siedlungen in der Neuen Welt, die damals noch schwach verteidigt waren. 1553/54 führte François Le Clerc, wegen seines Holzbeins als „Jambe de Bois“ bekannt, eine französische Kaperflotte in die Karibik, überfiel mehrere spanische Schiffe nahe der großen Antillen und stürmte schließlich den damaligen Haupthafen auf Kuba, Santiago. Der Ort wurde 30 Tage lang geplündert. Ein Jahr später überfiel einer von Le Clercs Kapitänen Havanna.[158]

Der Bukanierkapitän Jean David Nau wagte im 17. Jahrhundert einen Angriff auf Cartagena. Ursprünglich war er vor der Küste Südamerikas auf Kaperfahrt, verfehlte jedoch die meisten Schiffe. Daher ankerte er sein Schiff nahe der Küste und beförderte seine Besatzung von 90 Mann in drei Beibooten und Kanus an Land. Drei Tage fuhren die Piraten die Küste der Bahia de Cartagena entlang. Tagsüber versteckten sie sich vor Indianern im Unterholz, nachts ruderten sie, bis sie schließlich am dritten Tag das von mächtigen Befestigungsanlagen gesicherte Cartagena erreichten und in den Hafen eindrangen. „[D]*ie Schildwacht nahm sie für Fischer an / die in der Lagon fischen; insonderheit weil viel unter ihnen sehr gut Spanisch rede-*

156 Vgl.: Marx: Brüder der Küste, S. 52.
157 Zit.: Exquemelin: Die Americanische See-Räuber, S. 152.
158 Vgl.: Bohn: Durch Raub zur Seemacht, S. 30.

Reede von Panama. (Thomas Doesburgh 1685-1714)

ten [...]" [159] Die Piraten überwanden die Schildwache und begannen umgehend, einige Kaufmannshäuser zu überfallen und Kirchen zu plündern. Als schließlich die Garnison und die Bürgergarde alarmiert waren, zogen sie sich mit reicher Beute und mehreren Geiseln in ihre Boote zurück. Sie erreichten ihr Schiff, hart verfolgt von den Spaniern, die mit 500 Mann am nahe gelegenen Strand auftauchten *„auf welche sie lustig mit ihren Canonen spielten.*" [160] Die Piraten entkamen mit 40.000 Piastern, Diamanten und teuren Stoffen. Aufgrund seines Erfolges schlossen sich weitere Kapitäne David an, der bald darauf mit einer kleinen Flotte vor Kuba kreuzte, um Jagd auf spanische Schatzschiffe zu machen. Aber diese Kaperfahrt blieb erfolglos, woraufhin sich die Piraten nach Florida wandten und St. Augustin überfielen. *„Und ungeachtet dieses Städtlein mit einem Kasteel versehen / darinne zwo Compagnien Soldaten lagen / plünderten sie dasselbe dennoch allerdings aus.*" [161]

Black Bart Roberts Flotte verfügte über eine große Schlagkraft und seine Drohung, Gouverneure, die Piraten aufhängten, zu töten, verbreitete Angst und Schrecken. Nachdem ihm der Gouverneur von Martinique in die Hände gefallen war, ließ er ihn tatsächlich aufhängen. Aufgrund dieser Gräueltat geriet ein anderer berüchtigter Piratenjäger, Alexander Spotswood, Gouverneur von Virginia, in regelrechte Panik. Roberts hatte auch Virginia mit Vergeltungsmaßnahmen gedroht, nachdem Spotswood einige Piraten hatte hinrichten lassen. Der Gouverneur ließ Küstenbatterien anlegen und bat die Nachbarkolonien, ihm sämtliche Kriegsschiffe zur Unterstützung zu schicken, da der Kommandant des in Virginia stationierten Schiffes der Royal Navy, der *Rye*, ihn darauf hin-

159 Zit.: Exquemelin: Die Americanische See-Räuber, S. 154.

160 Zit.: Exquemelin: Die Americanische See-Räuber, S. 155.

161 Zit.: Exquemelin: Die Americanische See-Räuber, S. 157.

Karte vom Marsch Henry Morgans über den Isthmus von Panama.
(Stich aus Alexandre Exquemelins „De Americaensche Zee-Rovers“)

wies, dass er nicht stark genug war, um es mit den Piraten aufzunehmen.[162] Roberts wandte sich jedoch anschließend nach Osten und überquerte den Atlantik.

Die spektakulärste amphibische Aktion war wohl Henry Morgans Überfall auf Panama 1671. Morgan gilt heute als nur mittelmäßiger Seemann, aber er war ein effektiver Organisator, der für dieses Unternehmen 36 Schiffe mit 1.800 Mann Besatzung zusammenstellte. Er segelte zum Festland und besetzte die Inseln Santa Catalina und Old Providence, die er als Basis für die künftige Operation nutzte. Von hier segelte die Flotte nach Chagres am Isthmus von Panama. Die heute verlassene Stadt wurde zu jener Zeit durch das Fort San Lorenzo gesichert. Morgans Streitmacht stürmte das Fort, welches anschließend als Rückzugspunkt für den geplanten Feldzug diente.[163] Die Überquerung des Isthmus war kein leichtes Unterfangen. Exquemelin berichtet von einem deutschstämmigen Piraten namens Mannsfeld, der bereits eine ähnliche Expedition zur Pazifikküste führen wollte, diese allerdings aus Proviantmangel abbrechen musste.[164]

Am 9. Januar 1671 brach seine kleine Armee nach Panama auf. Ihr Weg führte sie durch dichte Regenwälder und Sümpfe. Nur einen Teil der Strecke konnten sie auf Kanus bewältigen. Der spanische Gouverneur von Panama war inzwischen von der Annäherung der Bukanier informiert worden und schickte Truppen aus. Doch die Spanier waren zu schwach und die Bukanier wehrten die meisten Angriffe problemlos ab. Den letzten Teil der Strecke marschierte die Streitmacht wieder über Land. Am 27. Januar erreichten Morgans Männer die Stadt und biwakierten eine Nacht auf den davorliegenden Hügeln.[165]

162 Shomette: Pirates on the Chesapeake, S. 227-229.
163 Vgl.: Earle: The Sack of Panama, S. 56-67.
164 Vgl.: Exquemelin: Die Americanische See-Räuber, S. 153.
165 Vgl.: Earle: The Sack of Panama, S. 184-194.

Henry Morgans Angriff auf Panama.
(Stich aus Alexandre Exquemelins „De Americaensche Zee-Rovers“)

Panama war gut verteidigt. Die Garnison verfügte über 1.200 Infanteristen und 400 Kavalleristen und lag in gut zu verteidigenden Stellungen. Die Piraten waren jedoch ebenfalls gut organisiert und agierten in ähnlicher Weise, wie eine reguläre Armee. Nach Exquemelin hatte „*Morgan alles in gute Ordnung gestellt*“ und die Bukanier „*begunten* […] *zu marschieren / mit klingelnden trommeln und fliegenden Fähnlein.*“ [166] Morgan schickte 300 Männer durch eine kleine Senke gegen den rechten Flügel der Spanier. Als die Piraten in einer Senke verschwanden, gingen die Spanier fälschlicherweise davon aus, sie würden fliehen. Sie setzten zur Verfolgung an und verloren dabei ihren Zusammenhalt. Plötzlich gerieten sie in das Feuer der Piraten. Auch die Art des Salvenfeuers erinnert an gut reguliertes Militär: „*Die Helffte von ihnen fiel mit dem eine Knie auf die Erde / und gaben zugleich Salve auf dieselben / und nachdem die erste Helffte geschossen hatte / folgte ihnen die andere Helffte auf die gleiche Weise nach.*“ [167] Auch die spanische Kavallerie ging zum Angriff vor und wurde gleichfalls zurückgeschlagen, was wohl den deutlichsten Hinweis auf das disziplinierte Vorgehen der Piraten liefert. Morgans Armee drückte gegen den rechten Flügel und das Zentrum der spanischen Truppen. Doch der Gouverneur von Panama erwies sich ebenfalls als gewiefter Taktiker und ließ zwei große Rinderherden gegen die Bukanier vortreiben, in der Hoffnung, dass diese die Angreifer niederwälzen würden. Die Piraten bewiesen ein weiteres Mal ihre Standhaftigkeit und vertrieben die Rinder durch den Krach ihrer Musketen und Geschütze. Die panischen Tiere machten kehrt und zerstreuten stattdessen die verbliebene spanische Streitmacht, die wohl 400 bis 500 Mann verlor, gegenüber gerade einmal 15 Piraten. [168]

166 Zit.: Exquemelin: Die Americanische See-Räuber, S. 425.

167 Zit.: Exquemelin: Die Americanische See-Räuber, S. 427.

168 Vgl.: Earle: The Sack of Panama, S. 195-211.

Panamas Gouverneur versuchte nun, die Stadt anzuzünden, denn er hatte geschworen, sie eher niederzubrennen, als sie den Piraten in die Hände fallen zu lassen. Tatsächlich entzündete sein Artilleriehauptmann einige Pulverfässer, die an strategischen Punkten in der Stadt verteilt waren und löste so ein Feuer aus, das bis zum nächsten Tag anhielt. Große Teile der Reichtümer der Stadt gingen in den Flammen auf, nur ein Teil war von den Spaniern vorher auf die im Hafen liegenden Schiffe gerettet worden.

Nachdem die Flammen erloschen waren, rückten die Bukanier in die Stadt ein. Sie plünderten die noch stehenden Häuser aus und folterten die Bevölkerung, um an versteckte Schätze heranzukommen. Die Schätzungen über die von Morgan gemachte Beute schwanken zwischen 140.000 und 400.000 Pesos. Aufgrund der Größe seiner Armee war der Pro-Kopf-Anteil jedoch vergleichsweise gering, was zu einigem Unmut unter seinen Truppen führte. Eine Reihe von Quellen berichtet, dass Morgan sogar einen Teil der Beute zurücklassen musste, wahrscheinlich, da den Piraten die nötigen Transportmittel fehlten.[169] Ein bedeutender Schatz wurde von den Bukaniern allerdings gar nicht entdeckt. Ein listiger Priester hatte den goldenen Altar seiner Kirche in aller Eile weiß gekalkt.

Zurück an der karibischen Küste kam es schließlich zur offenen Meuterei unter den Piraten. Statt mit seinen Männern zu verhandeln, floh Morgan mit seinen Getreuen und einem Großteil der Beute.

Ein anderer fähiger Organisator amphibischer Operationen war L'Olonnais, der 1667 die Hafenstädte Maracaibo und Gibraltar überfiel und plünderte. Seine Aktionen stehen ein wenig im Schatten von Morgans Panamaexpedition, waren aber kaum weniger spektakulär. Zwei Monate lang ließ L'Olonnais unter der Gemeinschaft von Tortuga für das Unternehmen werben und versammelte schließlich eine Mannschaft von etwa 1.660 Mann. Zum Hauptmann der Landungstruppen ernannte er den eigentlich bereits im Ruhestand lebenden Bukanier Michel le Basque, der bereits in Europa militärische Erfahrungen gesammelt hatte. Die eigentliche Expeditionsflotte war recht klein und umfasste lediglich acht Schiffe *„darunter des Lolonis Schifflein das größte war / gemontirt mit zehen Stucken."*[170] Die Expedition setzte Ende April 1667 Segel und fuhr zunächst zur Nordküste Hispaniolas, wo die Flotte Proviant und weitere Männer aufnahm. Ende Juli wurde die Reise fortgesetzt. Auf See kaperte L'Olonnais ein spanisches Handelsschiff mit 16 Kanonen, das Kakao, sowie 40.000 Piaster in Münzen und 10.000 in Edelsteinen geladen hatte. Er schickte das Schiff nach Tortuga, wo es seine Ladung löschen und anschließend der Flotte nachkommen sollte, die bei der Insel Savano, südlich von Hispaniola, wartete. Hier kaperten sie ein weiteres kleines spanisches Kriegsschiff mit acht Kanonen und 12.000 Piastern, die als Sold für die Garnison von Santo Domingo gedacht waren. Nach 14 Tagen stieß die erste Prise wieder zu ihnen, die inzwischen ihre Ladung gelöscht hatte und vom Gouverneur mit *„Erfrischung"*[171] geladen worden war. L'Olonnais nutzte es fortan als Flaggschiff.

Die Flotte setzte erneut Segel und fuhr zur Maracaibo Bay. Die Stadt Maracaibo selbst, verfügte damals über etwa 3.000 bis 4.000 Einwohner *„unter welchen achthundert wehrbahre Mann sind."*[172] Die Bucht von Maracaibo wurde durch eine Reihe Batterien *„bestund aus anders nichts / als einigen Schantzkörben"*[173] gesichert, die für die Flotte eine große Gefahr dargestellt hätten. L'Olonnais ließ seine Schiffe daher außerhalb der Bucht ankern und setzte seine Truppen an Land. Dabei wurden sie jedoch von den Spaniern entdeckt und der Kommandeur einer der Batterien legte einen Teil seiner Soldaten im Dschungel in einen Hinterhalt, um die Bukanier von zwei Seiten in die Zange zu nehmen. Der erfahrene le Basque hatte jedoch eine kleine Abteilung von 50 Mann vorausgeschickt, die die Spanier entdeckten und ihre Abteilung fast vollständig aufrieben. Nur wenige Männer entkamen nach Maracaibo, wo sie jedoch die Bevölkerung vor der drohenden Gefahr warnten. Inzwischen hatten die Piraten die Batterie in einem dreistündigen Gefecht erobert.

Die Nachricht von der Annäherung der Piraten löste derweil eine Panik in Maracaibo aus. Die Stadt war bereits zuvor Ziel von Piratenübergriffen gewesen, die vielen Bewohnern noch frisch im Gedächtnis hafteten. Die meisten von ihnen packten ihr Hab und Gut zusammen und flohen panisch ins Hinterland oder ins nahe gelegene Gibraltar. Die Piraten zerstörten derweil die Batterie am Zugang zur Bucht und segelten anschließend in die Maracaibo-See. L'Olonnais fuhr direkt nach Maracaibo und wollte nun unter dem Schutz seiner Kanonen Truppen in der Stadt anlanden. *„Alles Volck wurde in die Canoes geschifft / um nach dem Lande geführt zu werden. Als sie dem Strande begunten zu nähern / lösten die Schiffe ihre Canonen / und da das Volck jetzt landen sollte / sprang die Helffte von jeder Canoes aus / die andere Helffte aber blieb drinnen / und löste das Gewehr auf den Busch / allein sie wurden von niemand beantwortet."*[174] L'Olonnais Männer fanden die Stadt weitgehend verlassen vor. Allerdings hatten die Spanier große Mengen an Vorräten und Wein zurückgelassen, die jetzt von den Piraten geplündert wurden. Exquemelin berichtet, wie sich die Bukanier anschließend in der Stadt einrichteten. Ihre Landetruppen waren militärisch in Kompanien eingeteilt. In den kommenden Tagen wurden Spähtrupps ausgeschickt, um Gefangene zu machen und so Informationen über eventuell versteckte Schätze

169 Vgl.: Earle: The Sack of Panama, S. 212-235.

170 Zit.: Exquemelin: Die Americanische See-Räuber, S. 171.

171 Zit.: Exquemelin: Die Americanische See-Räuber, S. 175.

172 Zit.: Exquemelin: Die Americanische See-Räuber, S. 176.

173 Zit.: Exquemelin: Die Americanische See-Räuber, S. 183.

174 Zit.: Exquemelin: Die Americanische See-Räuber, S. 186.

Gefecht zwischen spanischen Schiffen und den Bukaniern Henry Morgans in der Maracaibosee.
(Stich aus Alexandre Exquemelins „De Americaensche Zee-Rovers“)

zu bekommen. Eine dieser Patrouillen stieß auf eine Karawane, erbeutete 20.000 Piaster und machte einige Gefangene, die in Maracaibo gefoltert wurden.

Nach 14 Tagen zog die Flotte weiter nach Gibraltar. Dorthin war inzwischen auch der Gouverneur von Marida mit 400 Mann geeilt. Er ordnete die Bürgerwehren und bereitete die Stadt zur Verteidigung vor. Am Strand wurde eine Batterie mit 22 Kanonen aufgeworfen. Als die Piraten vor Gibraltar eintrafen, bemerkten sie diese Verteidigungsmaßnahmen, weswegen L'Olonnais einen Kriegsrat mit seinen Kapitänen einberief. Diese beschlossen einstimmig, den Angriff fortzusetzen. Am nächsten Morgen gingen die Piraten eine viertel Meile vor Gibraltar an Land und marschierten noch vor Sonnenaufgang auf die Stadt zu. Sie fanden allerdings die wenigen Zugangswege von wassergefüllten Gräben durchstochen und die Dämme über die Sümpfe zerstört. Daher hieben sie mit ihren Säbeln Äste und Zweige von den Bäumen und füllten die Gräben auf. Unmittelbar vor dem Ort stießen sie auf eine mit sechs Kanonen bestückte Schanze. Die Spanier feuerten Kartätschen und machten einen Ausfall, wurden aber von den Bukaniern umgehend zurückgeschlagen. Allerdings konnten sie den Verteidigern nicht nachsetzen, sondern nahmen weiterhin schwere Verluste im Abwehrfeuer der Geschütze hin. L'Olonnais inszenierte daher einen Rückzug, um die Spanier nochmals zu einem Gegenangriff zu verlocken. Tatsächlich stießen etwa 200 Verteidiger aus der Schanze hervor, wurden aber zu ihrer eigenen Überraschung von den Piraten mit gut gezieltem Musketenfeuer aufgehalten. Im folgenden Handgemenge eroberten die Piraten die Schanze. Sie drangen in den Ort vor und richteten sich zur Verteidigung ein, da sie nicht wussten, ob die Spanier noch weitere Gegenangriffe führen würden. Doch die Schlacht war gewonnen. Über 500 Spanier waren gefallen, gegenüber 40 toten und 30 verwundeten Piraten, von denen die meisten jedoch bald dem Wundfieber erlagen. L'Olonnais Männer plünderten Gibraltar. Einen Monat

Pirat, 18. Jahrhundert
Seine Kleidung unterscheidet sich in keiner Hinsicht von der eines normalen Matrosen. Er trägt einfache Leinenhosen, eine kurze Arbeitsjacke. Bewaffnet ist er mit einer Steinschlossmuskete und einem kurzen Haudegen.

lang hielten sie den Ort besetzt und versuchten aus den gefangenen Bewohnern durch Folter und Hunger Geständnisse über Schatzverstecke herauszupressen. Dann brannten sie den Ort nieder, da die Bewohner nicht in der Lage waren, rechtzeitig eine Lösegeldsumme von 10.000 Piastern aufzubringen. Anschließend segelten sie nach Maracaibo zurück und fanden die Stadt belebt vor. Der Gouverneur und Teile der Bevölkerung waren zurückgekehrt. L'Olonnais erpresste eine Kontribution von 20.000 Piastern und 500 Kühen und Kälbern. Zum Entsetzen der Einwohner kehrten die Piraten drei Tage, nachdem die Forderung beglichen worden war, zurück. Der Grund hierfür lag jedoch darin, dass eines ihrer Schiffe am Eingang der Bucht auf Grund gelaufen war. Die Piraten verlangten lediglich nach einem Lotsen und kehrten schließlich nach Tortuga zurück. Der Wert ihrer Beute betrug insgesamt 260.000 Piaster.

Generell vermieden Piraten eine Landung direkt im Feuer feindlicher Geschütze, sondern setzten ihre Truppen abseits von Siedlungen und Befestigungen ab. Als Henry Morgan wenige Jahre nach L'Olonnais Überfall ebenfalls nach Maracaibo segelte, griff er allerdings die durch neue Kastelle gesicherte Stadt direkt an: *„Alle kleine Fahrzeuge wurden abgefärtigt / das Volck aufs Geschwindeste ans Land zu setzen. Die Spanier waren auch nicht müssig sich fertig zu machen im Kasteel / und schossen beständig mit groben Kanonen.“* [175] Da es Morgan dennoch gelang, eine große Anzahl Truppen anzulanden, steckten die Spanier das Kastell in Brand und zogen sich in den Dschungel zurück. Die Piraten vernagelten die schweren Geschütze und vergruben sie anschließend am Strand. Maracaibo wurde später ebenso kampflos besetzt, wie zuvor durch L'Olonnais. Als Morgan anschließend nach Gibraltar weiterzog, wählte er ähnlich wie der Franzose einen indirekten Weg. Er landete seine Truppen im Morgengrauen an, ließ sie in weitem Bogen durch den Dschungel marschieren und attackierte die Stadt von der Landseite. Dieses Mal hatten die Spanier allerdings auch Gibraltar geräumt. Als Morgan die Maracaibo-See wieder verlassen wollte, fand er die Batterien an der Meerenge von starken spanischen Truppen besetzt vor. Er landete daher Truppen an und täuschte Vorbereitungen für einen Angriff von der Landseite vor. Die Spanier verlegten alle ihre Geschütze zu den bedrohten Wallabschnitten, woraufhin die Piratenflotte nachts ungehindert durch die Meerenge segeln konnte.

175 Zit.: Exquemelin: Die Americanische See-Räuber, S. 307.

1678 wurde Maracaibo ein weiteres Mal Ziel eines Bukanierangriffs. Unter dem Befehl von Michel de Grammont, genannt „Le Chevalier“, stürmten die Piraten zunächst das Fort San Carlos am Eingang zur Maracaibo-See, bevor ihre Flotte, bestehend aus sechs Schiffen und 13 kleinen Pinassen mit 700 Mann in das Binnenmeer vordrang und über Maracaibo herfiel. Auch Gibraltar wurde dieses Mal nicht geschont. Doch Grammont ging sogar noch weiter und führte eine Expedition ins Landesinnere, wo die Piraten die von 350 Milizionären verteidigte Stadt Trujillo angriffen. Von hier aus operierten kleine Streifzüge, die Grammont mit erbeuteten Pferden beritten machte, über mehrere Wochen lang im Dschungel. [176]

1683 eroberte eine Bukanierexpedition unter den Kapitänen Grammont und Laurens de Graaf die Stadt Veracruz in Mittelamerika. Die Stadt verfügte über eine der modernsten Festungsanlagen des Kontinents und wurde durch 300 reguläre Soldaten und 400 Milizionäre verteidigt. Die Bukanier hatten sich zuvor nahe Cabo Catoche getroffen. Hier erfuhren sie, dass man in Veracruz auf die Ankunft zweier Schiffe aus Caracas wartete. Daher griffen sie zu einer List. Sie besetzten zwei ihrer eigenen Schiffe mit 800 Mann und segelten unter spanischen Flaggen in den Hafen. Die Kanonen der Hafenbatterien schwiegen und erst als die Schiffe sicher im Hafen fest gemacht hatten und die Bukanier über die Bevölkerung herfielen, bemerkten die Spanier ihren Fehler. Vier Tage lang plünderten die Piraten die Stadt. Der Gouverneur wurde in einem Heuschober gefunden. 1.300 Sklaven und 70.000 Piaster an Lösegeld fielen den Bukaniern in die Hände. Jeder Teilnehmer der Expedition erhielt am Ende mindestens 800 Piaster. Das Beispiel von Veracruz zeigt, dass Piraten ihre Überraschungstaktiken auch bei amphibischen Operationen erfolgreich anwandten. [177]

Eine der letzten großen Operationen dieser Art erfolgte 1697, als sich französische Bukanier unter Jean-Baptiste du Casse mit einer regulären Expedition der französischen Marine und Armee zusammentaten und die spanische Hafenstadt Cartagena eroberten, die sowohl von See- als auch von Landseite angegriffen wurde.

176 Vgl.: Konstam: Scourge of the Seas, S. 57-58.

177 Vgl.: Marx: Brüder der Küste, S. 50-51.

Bild rechts: **Frühe Bukaniere (um 1610)**
Die Darstellung zeigt zwei Männer einer Bukaniergemeinschaft. Ihre Kleidung besteht aus Fellen und grober Leinwand. Die Darstellung beruht auf Stichen und Beschreibungen Alexander Selkirks und von frühen Bukaniern bei Exquemelin.

Plünderung Cartagenas durch französische Truppen und Bukanier 1697.
(Stich von Pierre Landy, 1630-1701)

Die Landungsoperationen der Bukanier gehörten zu den größten von Europäern organisierten Kriegsunternehmen in der Neuen Welt während des 17. Jahrhunderts. Ebenso, wie es den Mutterländern an den Mitteln fehlte, ihre vorstaatliche Verwaltung in den Kolonien vollständig zu etablieren, besaßen auch ihre Flotten und Heere noch nicht das Potential für derartig groß angelegte Landungsoperationen. Dabei bewiesen die Bukanier mehrfach ihre Fähigkeit, sich regulären spanischen Truppen im offenen Gefecht zu stellen. Bei einem Angriff auf Santiago de Cuba kam es 1662 zu einer Schlacht zwischen englischen Bukaniern unter Christopher Myngs und den spanischen Verteidigern. Vier Jahre zuvor, 1658, schlug Myngs bereits eine 500 Mann starke spanische Invasionsstreitmacht auf Kuba mit einer etwa gleich starken Bukanierstreitmacht zurück. Die Spanier wurden im disziplinierten Feuer der Engländer geschlagen und ergaben sich dutzendweise. Auch mehrere Geschütze fielen den Piraten in der Schlacht in die Hände.[178]

Im 18. Jahrhundert fanden keine großen amphibischen Operationen gegen die Haupthäfen Spaniens in der Karibik mehr statt. Dennoch griffen Piraten auch weiterhin kleinere Küstensiedlungen mit großem Erfolg an. Johnson berichtet über die Ankunft von Black Bart Roberts vor Neufundland, er *„fuhr in den Hafen von Trepassi mit schlagender Trommel, aufgesteckter schwarzer Flagge und Trompetenschall ein. Es lagen in diesen Haven zwey und zwanzig Schiffe, deren Equipage sich in Gesicht der Räuber aufs Land salvirete, und ihre Schiffe dem Ubermeuth dieser grausamen feinde Preiß gab. Man kann die Verheerungen, welche diese Barbaren darin begiengen, nicht gnugsam beschreiben. Sie schossen alle Schiffe in Grund, oder verbrannten dieselbe, ausgenommen ein Schiff von Bristol, welches sie zu ihrem eigenen Gebrauch aufbehielten: Sie verdorben den Fischfang, ruinirten die Plantagien dieser armen Einwohner, und richteten alle Verwüstungen an, welche ihnen die Wuth und Raserey nur eingeben konnte.“*[179] Trepasse verfügte über keinerlei militärische Einrichtungen, sondern war ein dünn besiedelter Hafen, der vor allem zur Fischfangsaison aufblühte. Das martialische Schauspiel, das Roberts Besatzung beim Einlaufen in den Hafen bot, trug sicherlich entscheidend zu diesem Erfolg bei, obwohl die Besatzungen der vor Ort liegenden Schiffe ihm und seiner Besatzung weit überlegen waren.

Eine von Blackbeards spektakulärsten Aktionen bestand in der Blockade der Hafenstadt Charleston in South Carolina.

178 Vgl.: Konstam: Scourge of the Seas, S. 43.

179 Zit.: Johnson: Schauplatz Der Englischen See-Räuber, S. 388-389.

ABSCHLIESSENDES

Das Ende Black Bart Roberts, der von vielen Historikern als der größte Pirat des Goldenen Zeitalters angesehen wird, gilt als Ende dieser Epoche. Die Piraterie im karibischen Raum war damit noch keinesfalls vollständig ausgerottet. Konfliktbedingt erlebten Freibeutertum und Kaperwesen während des Österreichischen Erbfolgekrieges (1740-1748), des Siebenjährigen Krieges (1756-1763), des Amerikanischen Unabhängigkeitskrieges (1775-1783) sowie der Revolutions- und Napoleonischen Kriege (1792-1815) noch einmal hohe Konjunkturen. Allerdings sollte insbesondere das Piratenunwesen nie wieder solche Blüten treiben wie im 17. Jahrhundert und nach dem Spanischen Erbfolgekrieg. Die Kolonialherrschaft der europäischen Mächte hatte sich weitgehend gefestigt, staatliche Verwaltungsstrukturen etabliert und durch die Garnisonierung permanenter Geschwader von Kriegsschiffen im Karibischen Raum konnte illegales Freibeutertum schnell bekämpft werden. Es ist bezeichnend, dass Piraterie im frühen 19. Jahrhundert speziell dort noch einmal eine Blüte erlebte, wo der staatliche Zugriff schwach war, etwa im Golf von Mexiko, wo Jean Lafitte als Schmuggler und Pirat sein Unwesen trieb.

Es scheint, dass die große Zeit der karibischen Piraten im 17. und 18. Jahrhundert vor allem durch die Schwäche der europäischen Kolonialmächte begünstigt worden war, die zum einen eine Bekämpfung der gut organisierten Piraten erschwerte und gleichzeitig deren Organisationen begünstigte, da diese Gewaltgemeinschaften willkommene Partner in den vielen kolonial ausgetragenen Konflikten der europäischen Mächte darstellten.

Auf der anderen Seite negieren sowohl (populär-) wissenschaftliche Abhandlungen als auch Romane und Filme zumeist die Leistungsfähigkeit des spanischen Kolonialreiches, welches als repressiv und rückständig beschrieben wird. Dennoch hat dieses Reich 300 Jahre lang recht erfolgreich den Angriffen anderer europäischer Mächte und der Piraten standgehalten. Berichte über spektakuläre Raubzüge zur See und an Land sollten nicht über die Tatsache hinwegtäuschen, dass die meisten Schatz- und andere Handelsschiffe das spanische Mutterland erreichten. Die Spanier waren in der Lage ein effektives Konvoi-System zu organisieren und mit modernen Befestigungen ihre wichtigsten Besitzungen gut zu sichern, sodass ein Angriff nur mit einer enormen Mobilisierung an Menschen möglich war. Außerdem war die koloniale Herrschaft flexibel genug, um auf die soziokulturellen Bedingungen vor Ort eingehen zu können, was über mehrere Jahrhunderte für Stabilität in Lateinamerika sorgte. Nach Morgans Überfall auf Panama wurden die wichtigsten Hafenstützpunkte mit regulärem Militär besetzt, da die Spanier den geringen Kampfwert der Bürgermilizen erkannten. Tatsächlich führten die Bukanierangriffe auf diese Weise sogar zu einer Stärkung der spanischen Stellung in Lateinamerika. Es waren schließlich keine Piraten, sondern die napoleonische Besetzung Spaniens und die damit einhergehende innenpolitische Destabilisierung des Mutterlandes, die den Zusammenbruch des Kolonialreiches bewirkten. Dies führte jedoch zu steigenden Kosten für die koloniale Selbstverwaltung, während die Ausbeute der Silberminen drastisch zurückging. Die Fördermenge von Potosi, dem reichsten Silbervorkommen in der Neuen Welt, fiel von neun Millionen Pesos um 1600 auf weniger als zwei Millionen um 1700. Auch in anderen Minen ging die Förderung zurück, sodass immer weniger Edelmetall Europa erreichte. Spanische Kolonialbeamte machten neben den fallenden Fördermengen, vor allem Piratenaktivitäten dafür verantwortlich. Tatsächlich waren die Kosten für die koloniale Selbstverwaltung, aber auch Korruption unter den spanischen Verwaltungsbeamten, wesentlich wichtigere Faktoren.

QUELLEN

DAMPIER, William: A new voyage round the world: describing particularly the isthmus of America, several coasts and islands in the West Indies, the Isles of Cape Verd, the passage by Terra del Fuego, the south sea coasts of Chili, Peru, and Mexico ; the Isle of Guam, one of the Ladrones, Mindanao, and other Philippine and East India islands near Cambodia, China, Formosa, Luconia, Celebes, &c., New Holland, Sumatra, Nicobar Isles; the Cape of Good Hope and Santa Helena: their soil, rivers, harbours, plants, fruits, animals, and inhabitants: their customs, religion, government, trade, &c., London 1697 [zit.: Dampier: A New Voyage round the World].

EXQUEMELIN, Alexandre: Die Americanische See-Räuber, entdeckt, in gegenwärtiger beschreibung der grössesten, durch die französisch- und englische Meer-Beuter, wider die Spanier in America, verübten Rauberey und Grausamkeit ...: nebst einem kurzen Bericht, von der Cron Spanien macht und Reichthum in America, wie auch von allen vornehmsten christlichen Plätzen daselbst: aufgesetzt, durch A.O. aller hierinn begriffenen Raubereyen Gefährten und Genossen: mit schönen Figuren Charten, und wahren Conterfeyten, ausgeziert, Nürnberg 1679 [zit.: EXQUEMELIN: Die Americanische See-Räuber].

JOHNSON, Charles: A General History of the Robberies and Murders of the most notorious Pyrates [...], London 1724 [zit.: JOHNSON: A General History of the Pyrates].

JOHNSON, Charles: Schauplatz Der Englischen See-Räuber: Worinnen Jhre Begebenheiten, Leben, Raubereyen und grausame Thaten, von der Zeit an, da sie sich zuerst auf der Insul Providentia niedergelassen, biß zu [...] / Ausführlich zuerst in Englischer Sprache beschrieben von Capitain Carl Johnsohn [i.e. Daniel Defoe], Nachgehends im Frantzösischen, aus beyden Sprachen aber ins Teutsche übersetzet aus beglaubten Urkunden continuiret, und mit Historisch-Geographischen Anmerckungen Wie auch Einer Vorrede von der Seeräuberey der alten und jetzigen Zeiten, vermehret von J. M. D. [i. e. Joachim Meier], Goßlar 1728 [zit.: JOHNSON: Schauplatz Der Englischen See-Räuber].

ROGERS, Woodes: A Cruising Voyage round the World. First to the South Seas, thence to the East-Indies, and homewards by the Cape of Good Hope, begun in 1708 and finish´d in 1711, London 1712 [zit.: ROGERS: A Cruising Voyage].

ROGERS, Woodes: Life Aboard a British Privateer in the Time of Queen Anne. Being the Journal of Captain Woodes Rogers, Master Mariner. Edited by Robert C. Leslie, London 1889 [zit.: ROGERS: Life Aboard a British Privateer].

LITERATUR

APESTEGUI, Cruz: Pirates of the Caribbean. Buccaneers, Freebooters and Filibusters, 1493-1720, London 2002 [zit.: APESTEGUI: Pirates of the Caribbean].

APPLEBY, John C.: Die Profiteure des Krieges: Englisches Freibeutertum während der Spanisch-Französischen Kriege 1625-1630, in: RODER, Hartmut (Hrsg.): Piraten. Abenteuer oder Bedrohung?, Bremen 2002, S. 42-51 [zit.: APPLEBY: Die Profiteure des Krieges].

BOHN, Robert: Durch Raub zur Seemacht, in: HOFBAUER, Martin: Geschichte der Piraterie (= Potsdamer Schriften zur Militärgeschichte 21), Potsdam 2013, S. 27-38 [zit.: BOHN: Durch Raub zur Seemacht].

BOHN, Robert: Die Piraten, München 2003 [zit.: BOHN: Die Piraten].

BUCHER, Christian: The Royal Navy in the Caribbean, 1689-1763, in: Mariner´s Mirror 80 (1994), S. 30-44 [zit.: BUCHER: The Royal Navy in the Caribbean].

BREVERTON, Terry: Black Bart Roberts: The Greatest Pirate of Them All, Gretna 2004 [zit.: BREVERTON: Black Bart Roberts].

CLIFFORD, Barry/PERRY, Paul: Das Piratenschiff. Die Geschichte der „Whydah“ und die Hebung ihres Schatzes, Berlin 2000 [zit.: CLIFFORD/PERRY: Das Piratenschiff].

CONLIN, Dan: Pirates of the Atlantic: Robbery, Murder and Mayhem Off the Canadian Coast, Halifax 2009 [zit.: CONLIN: Pirates of the Atlantic].

CORDINGLY, David: Life Among the Pirates. The Romance and the Reality, London 1995 [zit.: CORDINGLY: Life Among the Pirates].

CORDINGLY, David: Seafaring Women. Adventures of Pirate Queens, Female Stowaways, and Sailors´ Wives, New York 2001 [zit.: CORDINGLY: Seafaring Women].

CORDINGLY, David: Under the Black Flag. The Romance and the Reality of Life Among the Pirates, New York 1996 [zit.: CORDINGLY: Under the Black Flag].

EARLE, Peter: The Pirate Wars, New York 2003 [zit.: EARLE: The Pirate Wars].

EARLE, Peter: The Sack of Panama. Captain Morgan and the Battle for the Caribbean, New York 2007 [zit.: EARLE: The Sack of Panama].

FALKNER, James: Marlborough´s War Machine, Barnsley 2014 [zit.: FALKNER: Marlborough´s War Machine].

HAUPT, Rick: Das Piratenschiff – Die abenteuerliche Entdeckung der Oxford, München 2004 [zit.: HAUPT: Das Piratenschiff].

KINKOR, Ken: Sklaven auf Piratenschiffen, in: RODER, Hartmut (Hrsg.): Piraten. Abenteuer oder Bedrohung?, Bremen 2002, S. 96-110 [zit.: KINKOR: Sklaven auf Piratenschiffen].

KONSTAM, Angus: The History of Pirates, New York 1999 [zit.: KONSTAM: The History of Pirates].

KONSTAM, Angus: The Pirate Ship 1660-1730, Oxford 2003 [zit.: KONSTAM: The Pirate Ship].

KONSTAM, Angus: Blackbeard: America´s Most Notorious Pirate, New Jersey 2006 [zit.: KONSTAM: Blackbeard].

KONSTAM, Angus: Scourge of the Seas. Buccaneers, Pirates and Privateers, London 2007 [zit.: KONSTAM: Scourge of the Seas].

LANE, Kris E.: The Pillaging Empire. Piracy in the Americas, 1500-1750 [zit.: LANE: The Pillaging Empire].

LATIMER, Jon: Buccaneers of the Caribbean. How Piracy forged an Empire, Cambridge 2009 [zit.: LATIMER: Buccaneers of the Caribbean].

LEE, Robert E.: Blackbeard the Pirate. A reappraisal of his Life and Times, Winston – Salem 1974 [zit.: LEE: Blackbeard the Pirate].

LINCOLN, Margarette: British Pirates and Society, 1680-1730, London 2014 [zit.: LINCOLN: British Pirates and Society].

MARX, Jenifer G.: Brüder der Küste, in: CORDINGLY, David (Hrsg.): Piraten. Furcht und Schrecken auf den Weltmeeren, Köln 1997, S. 38-59 [zit.: MARX: Brüder der Küste].

MARX, Jenifer G.: Das Goldene Zeitalter der Piraterie, in: CORDINGLY, David (Hrsg.): Piraten. Furcht und Schrecken auf den Weltmeeren, Köln 1997, S. 102-125 [zit.: MARX: Das Goldene Zeitalter].

NEUMANN, Renate: Piratengesellschaften. Vorläufer der Demokratie oder Sodom und Gomorrha?, in: RODER, Hartmut (Hrsg.): Piraten. Abenteuer oder Bedrohung?, Bremen 2002, S. 66-75 [zit.: NEUMANN: Piratengesellschaften].

POPE, Dudley: The Buccaneer King: The Biography of the Notorious Sir Henry Morgan 1635-1688, New York 1978 [zit.: POPE: The Buccaneer King].

PRINGLE, Patrick: Jolly Roger. The Story of the Great Age of Piracy, New York 1953 [zit.: PRINGLE: Jolly Roger].

REDIKER, Marcus: Between the Devil and the Deep Blue Sea – Merchant Seamen, Pirates, and the Anglo-American Maritime World 1700-1750, Cambridge 1993 [zit.: REDIKER: Between the Devil and the Deep Blue Sea].

REDIKER, Marcus: Villains of all Nations. Atlantic Pirates in the Golden Age, Boston 2004 [zit.: REDIKER: Villains of all Nations].

REDIKER, Marcus: Outlaws of the Atlantic. Sailors, Pirates and Motley Crews in the Age of Sail, Boston 2014 [zit.: REDIKER: Outlaws of the Atlantic].

SHOMETTE, Donald G.: Pirates on the Chesapeake. Being a True History of Pirates, Picaroons and Raiders on Chesapeake Bay, 1610-1807, Centreville 1985 [zit.: SHOMETTE: Pirates on the Chesapeake].

SPEITKAMP, Winfried: Gewaltgemeinschaften in der Geschichte. Eine Einleitung, in: Ders.: Gewaltgemeinschaften in der Geschichte. Entstehung, Kohäsionskraft und Zerfall, Göttingen 2017, S. 11-39 [zit.: SPEITKAMP: Gewaltgemeinschaften].

STARKEY, David J.: Pirates and Privateers. New Perspectives on the War on Trade in the eighteenth and nineteenth Centuries, Exeter 1997 [zit.: STARKEY: Pirates and Privateers].

STARKEY, David J./PAYNE, Kevin: "Beide vom gleichen Schlag?" Piraten und Kaperfahrer, 1560-1856, in: RODER, Hartmut (Hrsg.): Piraten. Abenteuer oder Bedrohung?, Bremen 2002, S. 20-41 [zit.: STARKEY/PAYNE: "Beide vom gleichen Schlag?"].

STOCKTON, Frank R.: Buccaneers and Pirates of our Coasts, Bremen 2012 [zit.: STOCKTON: Buccaneers].

STROHMEYER, Armin: Abenteuer reisender Frauen. 15 Portraits, München 2012 [zit.: STROHMEYER: Abenteuer reisender Frauen].

SUTHREN, Victor: Black Flag of the North. Bartholomew Roberts, King of the Atlantic Pirates, Toronto 2018 [zit.: SUTHREN: Black Flag of the North].

THOMAS, Graham: The Buccaneer King: the Story of Captain Henry Morgan, Barnsley 2014 [zit.: THOMAS: The Buccaneer King].

WILDE-RAMSING, Mark U./CARNES-MCNAUGHTON, Linda F.: Blackbeard´s Sunken Prize. The 300-Year Voyage of Queen Anne´s Revenge, Chapel Hill 2018 [zit.: WILDE-RAMSING/ CARNES-MCNAUGHTON: Blackbeard´s Sunken Prize].

WITT, Jann M.: Meuterei und Piraterie, in: RODER, Hartmut (Hrsg.): Piraten. Abenteuer oder Bedrohung?, Bremen 2002, S. 119-131 [zit.: WITT: Meuterei und Piraterie].

ZAHEDIEH, Nuala: A Frugal, Prudential and Hopeful Trade. Privateering in Jamaica, 1655-89, in: Journal of Imperial and Commonwealth History 18 (1990), S. 145-168 [zit.: ZAHEDIEH: Privateering in Jamaica].

HEERE & WAFFEN

Von Alexander Querengässer sind in dieser Reihe ebenfalls erschienen:

Heere & Waffen 21
Die Armee
Augusts des Starken im
Nordischen Krieg

Heere & Waffen 23
Feldmarschall Pappenheim

Heere & Waffen 24
Die Streitkräfte Schleswig-Holsteins während der
Erhebung 1848-1850

Heere & Waffen 25
Die Heere der Hussiten
(Teil 1)

Heere & Waffen 26
Die Heere der Hussiten
(Teil 2)

Heere & Waffen 29
Der Deutsche Orden im
13-jährigen Krieg

Heere & Waffen 31
Die Heere des
Schmalkaldischen Krieges

Alle derzeit lieferbaren Hefte aus der Reihe Heere & Waffen:

Heft 1 ~ Die Templer
Heft 2 ~ Hannibals Armee
Heft 3 ~ Die spanischen Guerillas
Heft 4 ~ Die US-Kavallerie, 1865-1890
Heft 5 ~ Die Langen Kerls
Heft 6 ~ Der Deutschorden
Heft 7 ~ Tannenberg 1410
Heft 8 ~ Die Armeen des Alten Orient
Heft 9 ~ Die Samurai der Sengoku-Zeit (Teil 1)
Heft 10 ~ Die Samurai der Sengoku-Zeit (Teil 2)
Heft 11 ~ Das Heer des Arminius
Heft 12 ~ Die Fahnen von Waterloo
Heft 13 ~ Die Sächsische Armee 1810-1813
Heft 14 ~ Das Heer des Varus (Teil 1)
Heft 17 ~ Das Heer des Varus (Teil 2)
Heft 15 ~ Die Bayerische Armee 1806-1813
Heft 16 ~ Der Tolle Halberstädter
Heft 18 ~ Die etatmäßigen Dienstgrade und Dienststellungen in der französischen Armee 1804-1815
Heft 19 ~ Das fränkische Heer der Merowingerzeit (Teil 1)
Heft 20 ~ Das fränkische Heer der Merowingerzeit (Teil 2)
Heft 22 ~ Das fränkische Heer der Merowingerzeit (Teil 3)
Heft 28 ~ Das fränkische Heer der Merowingerzeit (Teil 4)
Heft 21 ~ Die Armee Augusts des Starken im Nordischen Krieg
Heft 23 ~ Feldmarschall Pappenheim
Heft 24 ~ Die Streitkräfte Schleswig-Holsteins während der Erhebung 1848-1850
Heft 25 ~ Die Heere der Hussiten (Teil 1)
Heft 26 ~ Die Heere der Hussiten (Teil 2)
Heft 27 ~ Der preußische Infanterist im badischen Feldzuge 1849
Heft 29 ~ Der Deutsche Orden im 13-jährigen Krieg
Heft 30 ~ Die Burgunderkriege
Heft 31 ~ Die Heere des Schmalkaldischen Krieges
Heft 32 ~ Die Ennetbirgischen Feldzüge
Heft 33 ~ Böckler- und Löwlerkrieg
Heft 34 ~ Das Heer des Maximinus Thrax
Heft 35 ~ Der Venezianerkrieg
Heft 36 ~ Piraten in der Karibik
Heft 37 ~ Der Landshuter Erbfolgekrieg

Die Hefte erhalten Sie bei BERLINER ZINNFIGUREN, Knesebeckstr. 88, 10623 Berlin ~ www.zinnfigur.com
oder im gut sortierten Buchhandel.